Éditorial

PHOTO : JEAN-MARC BLACHE

Sophie Boizard
Rédactrice en chef

Un hôtel sans toit ? Une chambre avec pour seules étoiles celles de la voûte céleste ? On en conviendra, l'installation artistique des frères Riklin et de l'hôtelier Daniel Charbonnier, *Null Stern Hotel*, présentée en couverture de ce numéro, est un brin provocatrice. Car une maison, c'est avant tout un toit, un âtre où se réchauffer, une coquille où se calfeutrer, bref un abri. *Cala* en prélatin qui donnera d'ailleurs « calanque » comme « chalet » en français.
Cette photo de couverture bouscule nos idées reçues sur l'architecture alpine, encore trop souvent réduite aux vrais faux chalets suisses, riants et pimpants, alors que les Alpes ont servi de laboratoire à tant de courants architecturaux au xxe siècle, avec les sanatoriums, les transports et les stations de sports d'hiver, notamment. Pour le meilleur et pour le pire.

Aujourd'hui, l'architecture alpine est confrontée à deux problèmes majeurs étroitement liés. Une démographie contrastée tout d'abord, en expansion autour des grandes aires urbaines, ce qui entraîne une pression immobilière forte, un mitage des zones rurales alentour et une artificialisation des sols, tandis que certains territoires, comme les vallées occitanes piémontaises, tentent de revitaliser leurs hameaux et villages abandonnés. Le dérèglement climatique, ensuite, qui renforce encore l'attrait pour les territoires d'altitude, exige pour sa part de repenser les nouveaux projets de construction de façon écoresponsable. À cela s'ajoutent en station la problématique des « lits froids » et la rénovation d'un parc immobilier vieillissant.

Le détour par l'utopie que nous avons choisi de faire dans ce numéro propose toute sorte de modèles. Sans barrière ni tabou. Certains pourront être jugés fantaisistes, d'autres pionniers. Tous ont le mérite de poser une question : quelle place l'architecture peut-elle jouer dans l'aménagement d'un territoire ? Quelles empreintes souhaitons-nous ou ne souhaitons-nous pas laisser sur les paysages alpins ? Comment voulons-nous habiter la montagne demain ?

LE DOSSIER

ARCHITECTURES

DE L'UTOPIE À LA RÉALITÉ

Un *glitch* (erreur de courte durée dans la production numérique d'images et de sons) semble s'être glissé dans le paysage au-dessus de Bäch (canton de Schwytz)... Cette installation du collectif d'artistes Frölicher | Bietenhader, créée pour l'édition 2020 de l'Art Safiental Festival et intitulée *ctrl + s (prekäre Stellen)* (« emplois précaires »), fait référence au raccourci clavier pour la sauvegarde d'un fichier mais aussi à la conservation du patrimoine architectural existant. Sous les pixels, une étable Walser.

Photo : Sara Rutz.

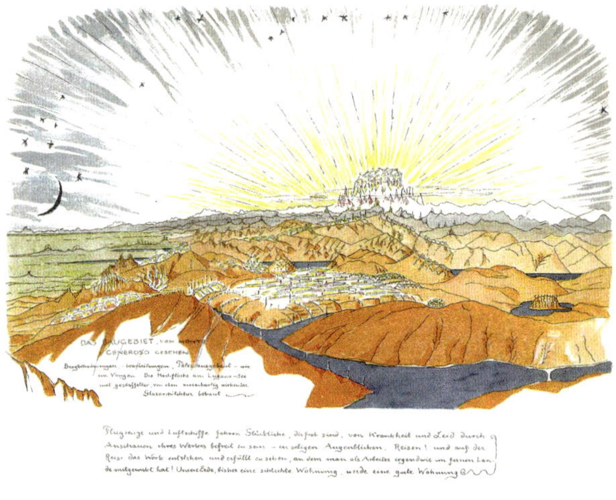

DE L'UTILITÉ
DE L'UTOPIE

Grignotées par l'étalement des villes, les Alpes doivent, plus que n'importe quel autre territoire, repenser leur habitat. Et si l'utopie aidait à imaginer la montagne de demain, en proposant des contre-modèles poétiques et résolument politiques ?

Pour s'accorder sur une définition, l'utopie représente un monde idéal, une société parfaite, une vie sans injustices où un régime politique modèle gouvernerait une communauté d'individus soudés, heureux et en harmonie. Si le concept remonte déjà à l'Antiquité avec Aristote ou Platon, le terme même d'« utopie » trouve ses origines dans un ouvrage de Thomas More, *L'Utopie*, publié en 1516. L'historien, philosophe et humaniste anglais y dresse le portrait d'un monde meilleur, l'île d'Utopie, en contrepoint à l'Angleterre de son temps. À l'origine composé de deux livres se présentant sous la forme d'un dialogue philosophique et d'une description très détaillée de l'île, il évolue au fil des éditions et des traductions et devient le récit des pérégrinations d'un homme, Raphaël Hythlodée, dans des contrées aux allures de paradis terrestre. Ce voyage initiatique lui ouvre de nouveaux horizons sur l'égalité entre les citoyens, la vie en autarcie, la paix. Le livre est illustré par une carte de l'île, riche en enseignements. On y constate l'isolement d'Utopie et sa difficile accessibilité ; on se représente aussi le paysage – un havre donnant naissance à un fleuve intérieur qui fait le tour de l'île luxuriante – et, surtout, on constate la situation et l'organisation des constructions : châteaux, tours et fortifications. Voici le dessin d'une *terra incognita*, la première utopie au sens étymologique du mot, forgé par More à partir du grec ancien : *topos* (le « lieu »), précédé du *où* privatif, soit un non-lieu, un lieu qui n'est nulle part. Comme dans les peintures de cités idéales de la Renaissance, l'utopie nous confronte donc à des lieux de vie imaginaires, à des ailleurs inaccessibles portant en eux des solutions d'organisation sociale qui nous donnent à réfléchir sur notre monde réel et imparfait.

Pourtant, certains esprits jouant sur les mots avancent que l'île de More s'appellerait *Udépotie* – littéralement, l'« île de jamais ». En somme, un lieu qui ne devrait jamais voir le jour… Si l'on se réfère à la définition du Larousse, l'utopie est une *« construction imaginaire et rigoureuse d'une*

L'architecte allemand Bruno Taut, profondément traumatisé par les horreurs de la Première Guerre mondiale, rêve entre 1917 et 1919 d'un nouveau monde qu'il imagine dans les Alpes. Illustration « Le site de construction vu du mont Generoso », tirée de *Alpine Architektur*, 1919.

Collection Bibliothèque de l'université de Heidelberg.

Ci-contre : carte de l'île d'Utopie, une gravure sur bois d'Ambrosius Holbein publiée dans l'édition de 1518 de *L'Utopie* de Thomas More.

Bibliothèque Folger Shakespeare, Washington / commonswikimedia.org.

L'AUTEUR
EMMANUEL VENTURA
Architecte suisse, il a collaboré pendant plus de vingt ans avec Luca Merlini et Bernard Tschumi à Lausanne, Paris et New York. Emmanuel Ventura a été nommé architecte cantonal vaudois en octobre 2012. Depuis, il supervise le développement, la construction et l'entretien de tous les bâtiments propriétés de l'État de Vaud.

Amaurotũ vrbs.
Fons Anydri.
Ostium anydri
Hythlodaeus.

société qui constitue, par rapport à celui qui la réalise, un idéal ou un contre-idéal ». Pour évoquer ce « *contre-idéal* », cette utopie qui ne fait plus rêver, le mot « dystopie » est peu à peu apparu pour décrire des récits de fiction qui se développent dans la première moitié du XXe siècle, mettant en scène des mondes terrifiants, des sociétés totalitaires et inhumaines où le bonheur ne peut être atteint. Une utopie qui vire au cauchemar. Entre raison et déraison, notre lecture est floutée, nos peurs et nos espoirs se mêlent. Qu'est-ce qui peut faire basculer une utopie merveilleuse dans une effrayante dystopie ? Depuis les temps les plus anciens, humanistes, philosophes et architectes dessinent, représentent, rêvent d'architectures utopiques. À nous de les regarder, de prendre du temps pour les comprendre, en mesurer la portée.

LES UTOPIES SONT-ELLES HABITABLES ?

En 1919, l'architecte berlinois Bruno Taut dessine une œuvre utopique majeure qu'il nomme *Architecture alpine*. Trente dessins et commentaires la composent, porteurs de paix, antidotes aux horreurs de la guerre, comme un manuel pour une terre à reconstruire. Il situe son architecture alpine « *à l'endroit de la chaîne la plus élevée des Alpes, du mont Blanc au mont Rose, dans la courbe concave formée par ce massif.* [...] *C'est là*, poursuit-il, *que doit rayonner la beauté. Le mont Rose et ses contreforts jusqu'à la plaine verdoyante doivent être restructurés.* [...] [Il faut que] *la terre, qui n'était encore qu'un séjour hostile, devienne une demeure accueillante.* »

Le Vortex. Dessiné par Jean-Pierre Dürig en 2015 à l'issue d'un concours d'architecture et d'ingénierie, il est habité par des étudiants depuis 2019.

Image de synthèse : Jean-Pierre Dürig architecte.

UNE ARCHITECTURE DE PAPIER DEVENUE RÉALITÉ

Immeuble de logements pour étudiants universitaires et hôtes académiques situé près de Lausanne, le Vortex est une utopie devenue réalité en 2019. Dessinée par Jean-Pierre Dürig à l'issue d'un concours d'architecture et d'ingénierie, elle abrite aujourd'hui 1 200 personnes autour d'une rampe cylindrique de 2 800 mètres de long, s'élevant à 30 mètres de hauteur. D'un diamètre intérieur de 137 mètres – exactement la circonférence de la Cité radieuse à Marseille –, c'est un véritable lieu de vie en communauté, une réalisation sociale et urbanistique innovante.

« Je ne voulais pas que les étudiants logent dans différents immeubles ou maisons, mais tous ensemble, dans la lignée de l'unité d'habitation de Le Corbusier à Marseille, la Cité radieuse [...]. *Je ne me considère même pas comme un architecte créatif ; je cherche simplement à résoudre les problèmes et à trouver des solutions claires, simples et judicieuses. La forme cylindrique n'était pas notre objectif : notre objectif était de répondre au cahier des charges du concours, de la manière la plus simple et la plus adaptée au site. »* (*Le Vortex, architecture du cercle*, 2021).

Ci-contre : dans son projet utopique, Bruno Taut revêt les Alpes d'édifices fantastiques, d'architectures de verre étincelantes de beauté, sculpte les rochers comme des cristaux. *« La réalisation en serait certainement incroyablement difficile et douloureuse, mais pas impossible. »* Il poursuit en citant Goethe : *« On exige trop rarement des hommes l'impossible. »* « Neige, glacier, glace », *Alpine Architektur*, 1919.

Collection Bibliothèque de l'université de Heidelberg.

SCHNEE
GLETSCHER
GLAS
Firnen
im ewigen Eise
und Schnee ~
überbaut und geschmückt mit
Umbauungen, Flächen und Blöcken
von farbigem Glase
~ Bergblüten ~
Die Ausführung ist gewiss ungeheuer schwer und opfervoll, aber nicht unmöglich. „Man verlangt so selten von den Menschen das Unmögliche" (Goethe)

Revêtir les Alpes d'édifices fantastiques condensés dans quelques espaces grandioses, construire des architectures de verre étincelantes de beauté, des volumes polyédriques redoublant par leurs arêtes la géométrie idéale des sommets : voici l'utopie magistralement imaginée à l'aquarelle par Bruno Taut au sortir de la guerre. Confiant à l'architecture l'importante tâche de régénérer la société, il fit ici le projet d'une œuvre fantastique, visionnaire, artistique, religieuse et politique certainement, utopique assurément.
Quelques années plus tard, en 1925, Charles-Édouard Jeanneret-Gris, dit Le Corbusier, dessine une ville moderne pour trois millions d'habitants : une proposition de plan de réaménagement de Paris, appelé plan Voisin, composé d'une utopique île de tours. Il imagine des « machines à habiter », des unités d'habitation hautes et cruciformes qui interpellent, qui effrayent. C'est après-guerre seulement, alors que grands ensembles et cités se multiplient afin de reconstruire un pays détruit, qu'une première et provocante machine à habiter, dénommée Cité radieuse, voit le jour à Marseille en 1952. Une recherche sociale, une innovation urbanistique, une cité radieuse pour certains, la « maison du fada » pour d'autres…
Dès les années 1960, un mouvement contestataire prend forme autour de la notion d'« architecture radicale ». Entre pop art, science-fiction et silhouettes fantastiques, de nouvelles formes remettent en question l'architecture traditionnelle. Il s'agit d'inventer d'autres villes, toujours plus grandes, et des manières d'habiter inédites. En 1966, Superstudio, un groupe d'architectes italiens d'avant-garde, est fondé à Florence. En 1969, il présente le projet *Il Monumento Continuo* : une vingtaine de photomontages fantastiques représentant un bâtiment continu, une mégastructure orthogonale parée d'une grille blanche. Une architecture résolument contestataire recouvrant la terre à l'infini, capable de franchir montagnes, lacs et villes. Cri de colère et de désespoir face à l'urbanisation chaotique de nos paysages, cette utopie négative – qui voudrait habiter un tel lieu ? et qui le pourrait ? – résonne aussi comme une réponse ironique à l'architecture moderne, dont la folie des grandeurs flirte parfois cruellement avec la dystopie. En témoignent la planche intitulée *St-Moritz revisited* et le commentaire qui

Planche *« St. Moritz revisited »* extraite du projet *Il Monumento Continuo* (1969) de Superstudio. *« Cette structure lumineuse et possessive affiche l'emprise démiurgique de l'homme sur son milieu en enserrant le lac dans ses griffes. »*
Collection Musée d'art moderne de New York (MoMA). Source : Scala archives, Florence.

l'accompagne : « *Face au monument cruciforme érigé en face de vous, vous vous remémorez ce projet fou de commémoration d'une ville ensevelie, dont les pilotis de lumière sont ici concrétisés en une armature monumentale qui s'impose entre la ville basse et les sommets enneigés. Greffée contre nature dans un paysage qui fut ainsi épargné face à la prolifération galopante de chalets prétendument authentiques, cette structure lumineuse et possessive affiche l'emprise démiurgique de l'homme sur son milieu en enserrant le lac dans ses griffes.* » (Cité par Alain Boillat in *Architecture utopique, visionnaire ou imaginaire* d'Emmanuel Ventura, 2014).

DÉMOGRAPHIE ET PAYSAGE

Parler de la croissance démographique, c'est comprendre que nous étions peu hier et que nous serons bientôt beaucoup sur cette île flottante et limitée qu'est la Terre. En 1516, à l'époque de l'île

Zermatt avant/après ou l'urbanisation galopante. À gauche, une gravure ancienne, non datée (fin XIXe siècle ?). À droite, la ville en 2019.
Source : Alamy / Hemis.fr.

d'Utopie, 500 millions d'individus habitent la planète. En 1919, quand Bruno Taut imagine son *Architecture alpine*, nous sommes un peu moins de 2 milliards. En 1969, date d'*Il Monumento Continuo*, près de 4 milliards. Aujourd'hui, en 2023, 8 milliards d'êtres humains peuplent la terre. Demain, et chaque année à venir, nous serons plus. Dix milliards bientôt.

Nous ne regardons que d'un œil l'urbanisation galopante de nos Alpes. Nous préférons tourner la tête et en nier l'ampleur. Terminé, le chalet isolé au milieu des verts pâturages ! Il a disparu, englouti, entouré de toutes parts. On n'en trouve plus que sur les photos noir et blanc, comme des icônes un peu sacrées, témoins d'un temps et de pratiques qui nous paraissent déjà antiques… Urbanisés, gagnés par le mitage du territoire, nos massifs alpins n'ont pas résisté à l'avalanche d'architectures qui en font aujourd'hui des villes d'altitude. Voyez ces deux photographies de Zermatt, pareillement surplombées par l'inamovible Cervin. Sauf que sur la seconde, les constructions nouvelles et diverses (habitat, zones de loisirs, infrastructures routières et ferroviaires…) ont poussé comme du chiendent. Bien sûr, l'ampleur des « dégâts » est variable d'une région alpestre à l'autre. Mais globalement, les constructions fleurissent sans discontinuer dans les champs encore épargnés, les routes, les autoroutes, les rails balafrent nos monts pour nous y transporter toujours plus près, toujours plus vite. Et malgré la nature qui suffoque, la faune et la flore dérangées, nos ressources alimentaires et climatiques perturbées, demeure l'idée – assez vraie en fin de compte – qu'on peut pousser le paysage à l'infini pour nous y installer, dans un mitage sans vergogne du territoire. Est-ce un modèle que vous voulons pour demain ? Il est urgent de défier cet étalement urbain afin de garder des paysages non construits. Il est urgent de penser à demain, de réfléchir au vivre-ensemble, de rêver nos architectures avant que le cauchemar ne l'emporte.

ET DEMAIN ?

Et si, contre l'étalement urbain, contre la multiplicité de chalets et de routes, la montagne parvenait à intégrer un contre-modèle ? Des architectures osées, des utopies habitées, comme une réponse possible à la densification des territoires alpins ? Et si nous pensions à un futur différent, si nous imaginions « les villes alpines » de demain ? « *Je crois que dans une œuvre dite d'imagination, la mémoire ne joue pas moins de rôle que dans une œuvre réaliste ; bien loin de là ! Dans une œuvre d'imagination, tous les éléments sont fournis – ils sont seulement recomposés d'une autre façon* », écrit Julien Gracq dans « Les yeux bien ouverts » (*Farouche à quatre feuilles*, 2009). Et si les mots du poète soutenaient le parti pris de l'architecte ? Thom Mayne, architecte new-yorkais et lauréat du prix Pritzker 2005 – le Nobel de l'architecture – a présenté en 2022 une tour utopique filiforme de 408 mètres de haut, dans la station thermale grisonne de Vals, en Suisse. Une architecture de verre démesurée, surplombant la vallée et les chalets et offrant une vue panoramique sur la nature dans toute sa splendeur. La tour, prête à recevoir de l'habitat, sera « *haute et fine comme la* Femme de Venise, *la sculpture d'Alberto Giacometti* » promettait son promoteur lors de la

Un projet de tour signé Thom Mayne et son atelier Morphosis pour un hôtel dans la station thermale de Vals (Grisons).
Photo montage : Morphosis Architects.

présentation du projet à la presse. Hauts cris sur les sommets… que relayait en ces termes un professeur en architecture de l'École polytechnique fédérale de Zurich : « *Les gratte-ciel construits dans les Alpes sont une absurdité. Il n'y a aucun intérêt, et aucun besoin d'abriter autant de gens dans ces régions !* » Seulement voilà : « *autant de gens* », il y en aura. Alors, à moins de mettre sous cloche nos montagnes, et de refuser leur développement, regardons en face, les yeux « *bien ouverts* » selon les mots de Julien Gracq, notre futur. Il est de notre devoir de le faire. Réfléchissons et choisissons.

Bruno Taut écrivait en 1919 dans le texte du prospectus de lancement de son livre *Architecture alpine* : « *À première vue, cette idée* [ndlr : construire sur les sommets] *peut paraître passablement saugrenue ; mais on a beau y réfléchir et tourner le problème dans tous les sens : il n'existe sans doute aucune autre issue à la grande souffrance du monde.* » Alors, voulons-nous habiter un jour dans une architecture alpine de Bruno Taut entre le mont Blanc et le mont Rose ? Dans un module d'*Il Monumento Continuo* à Saint-Moritz ? Ou dans une haute tour de verre à Vals ? Quelle utopie voulons-nous pour notre réalité de demain ? ■

À lire

- Bruno Taut, *Architecture alpine*, éditions du Linteau, 2005.
- Emmanuel Ventura, *Architecture utopique. Imaginaire ou visionnaire ?*, éditions Favre, 2014.

GRENOBLE
UNE RÉTRO-PROSPECTIVE

A-t-il existé de grands projets architecturaux et urbains qui auraient pu changer radicalement la face de Grenoble et de son agglomération ? Et si la cité dauphinoise avait fait d'autres choix, à quoi ressemblerait-elle aujourd'hui ? Et si… Et si… Retour sur trois utopies concrètes, trois scénarios alternatifs.

Par trois fois au moins, lors des poussées modernistes aux XIXe et XXe siècles, des projets majeurs auraient pu transformer en profondeur Grenoble et ses territoires s'ils n'avaient pas avorté et n'étaient restés des récits de fiction. Ainsi en attestent les études et les plans retrouvés, les débats publics consignés et les vestiges de chantiers abandonnés :
– « *Grenoble, ville d'eaux* » ou comment, tout au long du XIXe siècle et du début XXe, Grenoble aurait pu devenir une ville thermale par adduction des eaux des sources chaudes de La Motte-les-Bains ;
– « *La Bastille, acropole universitaire* » ou comment, dans les années 1950, la Bastille a failli être un important site universitaire desservi, entre autres, par un ascenseur urbain ;
– « *Poma 2000, un réseau de transport en commun en site propre* » ou comment, dans les années 1970, des cabines sur rail auraient pu être implantées dans l'agglomération grenobloise et construites pour partie au-dessus des boulevards et avenues.
Cette histoire du futur, cette « rétro-prospective », s'invite au cœur des débats sur le devenir de Grenoble à l'heure des enjeux écologiques, climatiques et sociétaux actuels. Et si la période n'est sans doute plus aux grands aménagements d'infrastructures urbaines, ces trois projets, à la pensée techniciste, restent emblématiques de la géographie singulière de la capitale des Alpes, car jouant avec l'eau, la plaine et la pente.

ET SI GRENOBLE ÉTAIT DEVENUE UNE VILLE D'EAUX…

Peu connu, ce projet a émergé en 1811 lorsque Napoléon Ier envisage la création de thermes militaires à Grenoble. Son histoire s'étire tout au long du XIXe siècle jusqu'à son abandon définitif juste avant la Première Guerre mondiale. Le projet consiste en l'adduction des eaux issues des sources chaudes présentes dans le lit du Drac et leur transport de La Motte-les-Bains (au sud de Grenoble, non loin de La Mure) jusqu'à un établissement thermal à construire à Grenoble.
Sulfureuse et saline, l'eau des sources de La Motte est réputée depuis l'époque romaine pour ses propriétés médicinales. En 1830, le château de La Motte est agrandi et transformé en établissement thermal, accueillant l'été des curistes de toute l'Europe. La mécanisation du transport de l'eau thermale située à 150 mètres en contrebas permet de développer l'établissement, augmentant la quantité d'eau disponible pour un nombre plus important de baigneurs. En 1844, le château est réaménagé afin d'accueillir entre 600 et 800 curistes annuels. À partir de 1888, il bénéficie de l'ouverture de la ligne du chemin de fer de La Mure, avec une gare à La Motte-les-Bains, qui permet aux touristes de venir à la journée profiter des bains et des jardins.

« Sources thermales de La Motte », une estampe de Victor Cassien, tirée du deuxième tome de l'*Album du Dauphiné* (1836) signé avec Alexandre Debelle. *« Une cascade d'environ cent soixante mètres d'élévation tombe majestueusement, et à grand bruit, à côté de la source minérale. Le Drac coule à moins de douze pieds de la pompe, et n'en est séparé que par une digue qu'il couvre, dans le temps de la fonte des neiges* […]. *Les eaux destinées pour les bains, les douches et la boisson des malades, sont portées à dos de mulet au château où elles se prennent. Le thermomètre de Réaumur ayant été plongé dans le bassin de la pompe, à différentes années, à différents jours et à différentes heures, n'a jamais passé le 45e degré [56°25] »* (François Frier, 1815).
Collection Musée dauphinois. Département de l'Isère.

L'AUTEUR
NICOLAS TIXIER
Architecte, professeur à l'École nationale supérieure d'architecture de Grenoble – Université Grenoble Alpes –, il dirige le CRESSON (Centre de recherche sur l'espace sonore et l'environnement urbain du laboratoire CNRS Ambiances, architectures, urbanités). Entre héritage et fiction, ses travaux interrogent les territoires et leur fabrique par les ambiances.

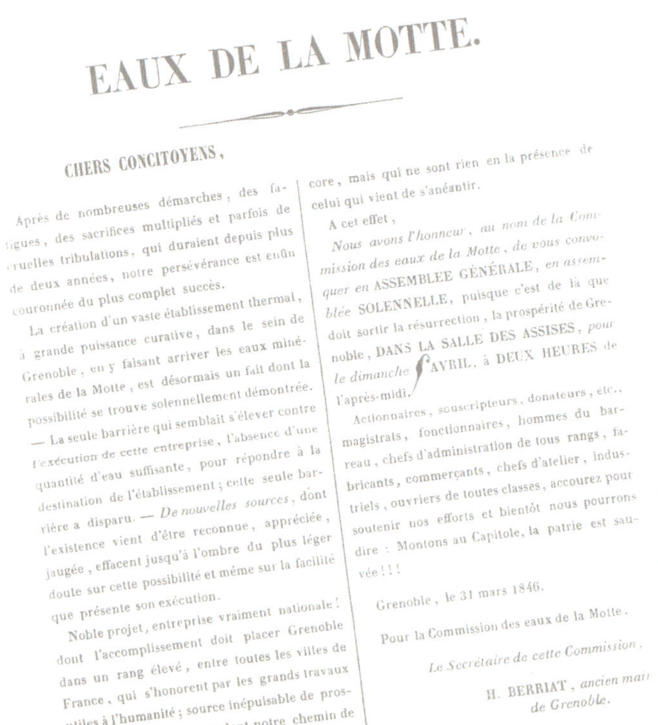

EAUX DE LA MOTTE.

CHERS CONCITOYENS,

Après de nombreuses démarches, des fatigues, des sacrifices multipliés et parfois de cruelles tribulations, qui duraient depuis plus de deux années, notre persévérance est enfin couronnée du plus complet succès.

La création d'un vaste établissement thermal, à grande puissance curative, dans le sein de Grenoble, en y faisant arriver les eaux minérales de la Motte, est désormais un fait dont la possibilité se trouve solennellement démontrée. — La seule barrière qui semblait s'élever contre l'exécution de cette entreprise, l'absence d'une quantité d'eau suffisante, pour répondre à la destination de l'établissement ; cette seule barrière a disparu. — *De nouvelles sources*, dont l'existence vient d'être reconnue, appréciée, jaugée, effacent jusqu'à l'ombre du plus léger doute sur cette possibilité et même sur la facilité que présente son exécution.

Noble projet, entreprise vraiment nationale ! dont l'accomplissement doit placer Grenoble dans un rang élevé, entre toutes les villes de France, qui s'honorent par les grands travaux utiles à l'humanité ; source inépuisable de pros-

et dont notre chemin de

core, mais qui ne sont rien en la présence de celui qui vient de s'anéantir.

A cet effet,

Nous avons l'honneur, au nom de la Commission des eaux de la Motte, de vous convoquer en ASSEMBLEE GÉNÉRALE, *en assemblée* SOLENNELLE, puisque c'est de là que doit sortir la résurrection, la prospérité de Grenoble, DANS LA SALLE DES ASSISES, *pour le dimanche* AVRIL, à DEUX HEURES de l'après-midi.

Actionnaires, souscripteurs, donateurs, etc., magistrats, fonctionnaires, hommes du barreau, chefs d'administration de tous rangs, fabricants, commerçants, chefs d'atelier, industriels, ouvriers de toutes classes, accourez pour soutenir nos efforts et bientôt nous pourrons dire : Montons au Capitole, la patrie est sauvée ! ! !

Grenoble, le 31 mars 1846.

Pour la Commission des eaux de la Motte.

Le Secrétaire de cette Commission,

H. BERRIAT, *ancien maire de Grenoble.*

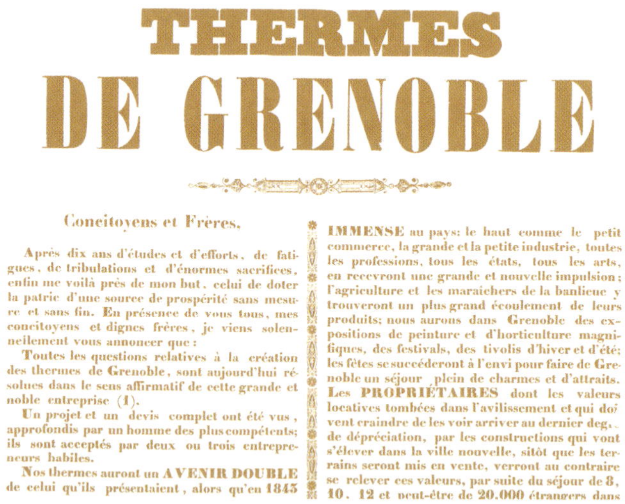

THERMES DE GRENOBLE

Concitoyens et Frères,

Après dix ans d'études et d'efforts, de fatigues, de tribulations et d'énormes sacrifices, enfin me voilà près de mon but, celui de doter la patrie d'une source de prospérité sans mesure et sans fin. En présence de vous tous, mes concitoyens et dignes frères, je viens solennellement vous annoncer que :

Toutes les questions relatives à la création des thermes de Grenoble, sont aujourd'hui résolues dans le sens affirmatif de cette grande et noble entreprise (1).

Un projet et un devis complet ont été vus, approfondis par un homme des plus compétents; ils sont acceptés par deux ou trois entrepreneurs habiles.

Nos thermes auront un **AVENIR DOUBLE** de celui qu'ils présentaient, alors qu'en 1843 **IMMENSE** au pays: le haut comme le petit commerce, la grande et la petite industrie, toutes les professions, tous les états, tous les arts, en recevront une grande et nouvelle impulsion; l'agriculture et les maraîchers de la banlieue y trouveront un plus grand écoulement de leurs produits; nous aurons dans Grenoble des expositions de peinture et d'horticulture magnifiques, des festivals, des tivolis d'hiver et d'été; les fêtes se succéderont à l'envi pour faire de Grenoble un séjour plein de charmes et d'attraits. Les **PROPRIÉTAIRES** dont les valeurs locatives tombées dans l'avilissement et qui doivent craindre de les voir arriver au dernier degré de dépréciation, par les constructions qui vont s'élever dans la ville nouvelle, sitôt que les terrains seront mis en vente, verront au contraire se relever ces valeurs, par suite du séjour de 8, 10, 12 et peut-être de 20.000 étrangers dans

Puisée dans le lit du Drac, l'eau des sources chaudes aurait été remontée par une pompe jusqu'à Monteynard, puis se serait écoulée via un aqueduc en pente douce le long des 31 kilomètres allant de La Mure jusqu'à Grenoble. Des thermes sont imaginés à côté du jardin de Ville, sur la place libérée par le déplacement des anciens hôpitaux. L'objectif est alors de faire de la capitale dauphinoise une ville attractive et touristique, dans laquelle les curistes viendraient toute l'année pour se soigner, profiter des promenades dans les jardins et en montagne, et se distraire grâce à la construction prévue d'un théâtre, d'un musée, d'un casino, de restaurants et d'hôtels. Bref, Grenoble serait devenue une ville thermale, une ville d'eaux!

Honoré-Hugues Berriat est élu maire de Grenoble en 1835. Sous sa direction, l'urbanisme de la ville se développe, les rues sont pavées, les quais aménagés et la construction de la citadelle du Rabot est amorcée dans le cadre de la reprise des fortifications de la Bastille. Après sa démission en 1842, les volontés d'Honoré-Hugues Berriat se tournent vers le projet « Grenoble, ville d'eaux ». Devenu son principal défenseur, il commandite et publie de nombreux rapports et milite pour sa réalisation jusqu'à sa mort, en 1854. À sa suite, d'autres prendront la défense du projet qui éveillera aussi de fortes contestations.

Le 24 mars 1843, Berriat présente le plan aux Grenoblois. Son discours est acclamé et marque le début d'une nouvelle phase dans son élaboration, passant pour la première fois d'idée utopique à un travail d'ingénierie et de devis. Mais cet élan est coupé par la publication de rapports sur les travaux effectués aux sources de La Motte. Ils annoncent que le débit des sources n'est plus suffisant, rendant impossible l'entreprise de conduction des eaux jusqu'à Grenoble. Berriat fait appel à d'autres ingénieurs, pour invalider ces rapports et montrer que le projet est réalisable. Mais en sus de cette difficulté concernant le débit, s'ajoutent les doutes du conseil municipal quant à la conservation de la chaleur de l'eau sur les 31 kilomètres qui séparent La Motte-les-Bains de Grenoble, l'eau thermale ne pouvant être réchauffée sans perdre potentiellement ses qualités curatrices.

En haut : Lettres de Berriat aux citoyens de Grenoble, du 31 mars 1846 et du 1er juillet 1850.
Collection privée.

En bas : Tracé hypothétique du chemin des eaux de La Motte-les-Bains à Grenoble réalisé par l'auteur et superposé au panorama issu de *Les Alpes du Dauphiné à Grenoble*, Sadag, Syndicat d'initiative de Grenoble, 1906.
Collection privée.

Château de La Motte-les-Bains, une huile sur toile de Ferdinand Rostaing (1848).
Collection Musée dauphinois. Département de l'Isère.

Au milieu du XIXe siècle, Grenoble est traversée par plusieurs crises. Berriat dénonce une municipalité qui ne fait rien pour les classes populaires. Touchées par le déclin de l'industrie gantière et la faillite de plusieurs banques, l'économie et la renommée de Grenoble sont en berne. Berriat voit dans ce projet de thermes les prémices d'une nouvelle économie, fondée sur le tourisme. Mais en 1850, la municipalité tranche. Elle refuse de financer le projet au profit de la construction d'un théâtre, du Muséum d'histoire naturelle, du Jardin des plantes et de l'achat de tableaux à destination du musée d'Art.

Au cours des cinq décennies suivantes, le projet de ville thermale connaît plusieurs rebondissements. Poussé par certains pour des motivations économiques, il est combattu par d'autres au motif d'une augmentation des taxes et de l'immoralité des jeux de casino, source *« de misère et visage du capitalisme »* comme on peut le lire dans les tracts de l'époque. En 1914, le nouveau maire de Grenoble, Paul Mistral, opposé au projet, fait voter à la chambre des députés un amendement interdisant dans les villes universitaires, ce qui est le cas de Grenoble, les jeux de hasard dans les casinos. De fait, le projet est définitivement abandonné.

L'établissement thermal de La Motte-les-Bains fermera pour sa part en 1932. Le château est réhabilité en camp de vacances pour filles. Quelque temps après, la commune, n'exploitant plus ces sources, reprend le nom de La Motte-Saint-Martin. Le château, aujourd'hui à l'abandon, est devenu un lieu privilégié pour l'« urbex », cette pratique d'exploration de zones urbaines secrètes. Depuis 1963, les sources d'eaux chaudes se retrouvent « noyées » sous plusieurs dizaines de mètres d'eau par le barrage de Monteynard. Sont-elles même toujours actives ?

ET SI LA BASTILLE ÉTAIT DEVENUE UNE ACROPOLE UNIVERSITAIRE...

Au sortir de la Seconde Guerre mondiale, les villes et leurs universités repensent leur développement, réenvisagent leur futur. Le projet d'implanter une acropole universitaire à la Bastille, sur les hauteurs de Grenoble, prend place dans un contexte

JEAN BENOIT

Jean Benoit (1900-1976), entré à l'École des Beaux-Arts de Paris en 1920, obtient son diplôme d'architecte DPLG (diplômé par le gouvernement) en 1927. Il travaille dans plusieurs agences parisiennes et devient membre de la SADG (Société des architectes diplômés par le gouvernement). En 1929, il s'installe à Grenoble où il pratique en libéral avec son associé Jean Bonnat. Architecte municipal de la ville de Grenoble de 1936 à la fin de la guerre, il projette de nombreux bâtiments municipaux, comme la bibliothèque Lyautey, les écoles Diderot et Buffon, les gares du téléphérique de la Bastille, ainsi que des projets de bâtiments universitaires réalisés par son agence durant la période de la Reconstruction. À la fin des années 1940, il développe le projet « La Bastille, acropole universitaire ». Il construira aussi des locaux commerciaux, des sièges d'entreprises (Merlin Gerin) et de nombreux immeubles d'habitation jusqu'à l'urbanisme de dalle du quartier Mutualité à Grenoble que devait traverser le Poma 2000.

de forte augmentation du nombre de formations universitaires et l'affirmation de la place de la recherche dans cette ville. Il naît avec l'ambition de créer un « centre universitaire international », qui permettrait de manifester la « grandeur » de l'université de Grenoble, d'autant qu'elle est alors à l'étroit dans ses bâtiments du centre-ville. *« Un jour viendra où le rêve orgueilleux de l'Association sera incarné sur la colline du Rabot où se dressent les vieux forts désaffectés dans la pierre des bâtiments du Centre universitaire international dont l'Institut de géologie et l'Institut de géographie constitueront la première tranche de réalisation.* » (Publication de l'Association des amis de l'Université, 1954).

Les premières esquisses du projet, après un relevé précis du site, sont réalisées en 1949-1950 par l'Atelier d'architecture BENOIT. Le projet se développe sur la strate intermédiaire de la Bastille, au niveau du fort du Rabot. Ce projet quelque peu utopique puise largement son inspiration dans le modèle des collèges anglo-saxons, à la fois parce qu'il veut rassembler lieux d'enseignement et lieux de vie, pour les étudiants et les enseignants, dans un espace le plus souvent resserré et parce qu'il recherche une implantation simultanément proche et séparée de la ville. Outre un accès par la route existante, il envisage un important ascenseur urbain depuis les quais de l'Isère, aux abords du centre-ville. En plus de la transformation des bâtiments militaires du Rabot, le projet prévoit de nouvelles constructions universitaires. Toutes furent dessinées, certaines jusqu'aux détails des aménagements intérieurs : un institut de

En haut : Projet d'acropole universitaire sur le site de la Bastille. Pavillon d'étudiants, perspective datée du 19 novembre 1954.

Fonds Atelier BENOIT Architectes depuis 1897 – Jean BENOIT Architecte SADG.

À gauche : Jean Benoit, Studio Navaro, Paris, 1935.

Fonds Atelier BENOIT Architectes depuis 1897 – Jean BENOIT Architecte SADG.

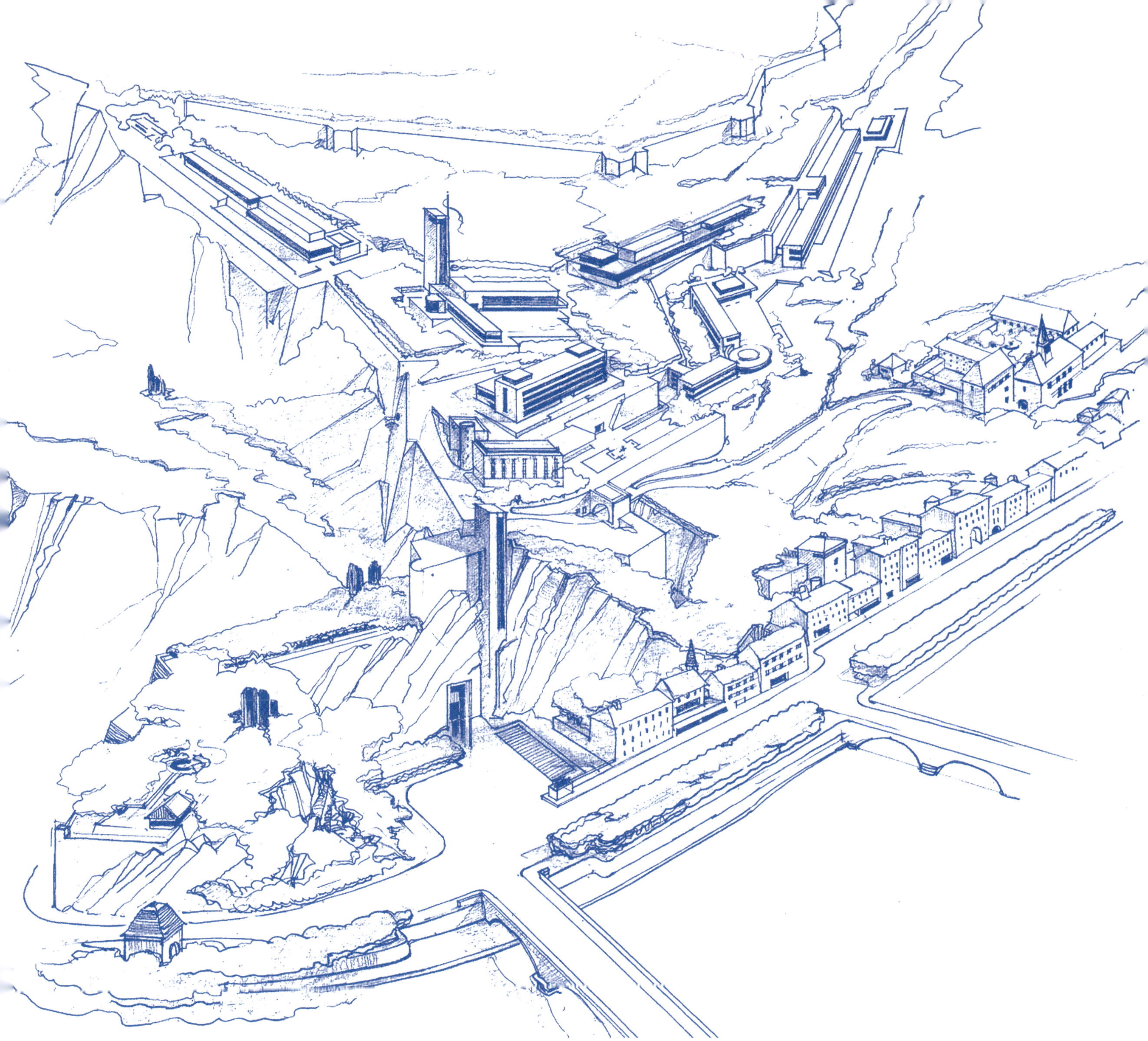

Projet d'acropole universitaire. Perspective d'ensemble datée du 10 février 1950.
Fonds Atelier BENOIT Architectes depuis 1897 – Jean BENOIT Architecte SADG.

botanique, un institut de zoologie, un pavillon étudiant, un pavillon « Afrique occidentale française », une tour-rectorat ainsi qu'un institut de géographie alpine et un autre de géologie, l'Institut Dolomieu. Dès son origine, le projet comporte la réhabilitation de l'ensemble du quartier Saint-Laurent, au pied de la colline fortifiée, incluant la construction d'immeubles de logement quai des Allobroges.

Le 18 avril 1952, l'étude du plan masse et la maquette du projet sont présentées avec une visite de site à André Marie, ministre de l'Éducation nationale. Mais de nombreux obstacles auront rapidement raison du projet, en raison notamment de la complexité des accès routiers ou encore des difficultés pour amener l'eau dans les différents bâtiments. C'est finalement un campus « à l'américaine » sur le site de Saint-Martin-d'Hères, qui sera mis en place afin d'implanter une université d'échelle nationale pour accueillir un nombre toujours croissant d'étudiants. Son plan masse est approuvé en 1961 par le conseil d'université.

De ce projet d'acropole universitaire, seuls deux bâtiments furent réalisés : l'Institut de géographie alpine et l'Institut de géologie Dolomieu. Pour l'ouverture du premier en 1961, le journal du

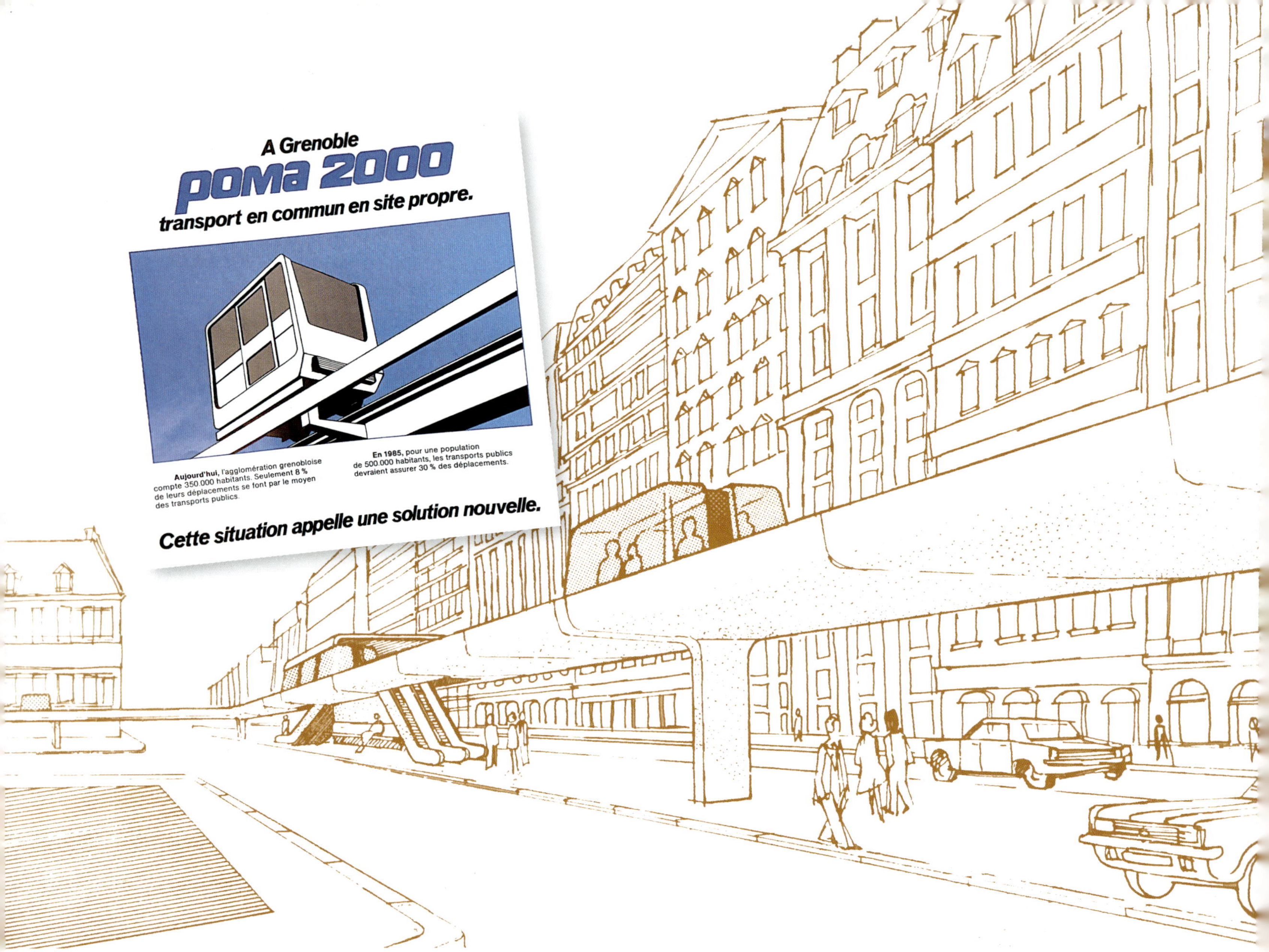

Dauphiné Libéré titre « *Vaisseau de béton sur la colline du Rabot à Grenoble : le nouvel institut de géographie alpine (qui ouvrira à la rentrée) est un moderne temple au nombre d'or* ». Le fort du Rabot, lui, deviendra une cité universitaire et sera agrandi entre 1960 et 1965 avec les bâtiments Vercors, Chartreuse et Nouveau Barbillon.

La Bastille verra par la suite d'autres projets s'esquisser pour ses pentes au cours de la seconde moitié du XXe siècle. Finalement, aucune construction majeure au-delà des deux instituts ne verra le jour sur l'éperon rocheux. L'Institut de géologie Dolomieu et l'Institut de géographie alpine ont été vidés de leurs activités au début des années 2000 ; si le premier a été récemment rénové pour devenir une résidence hôtelière et de coworking, le second reste abandonné et squatté. Aujourd'hui, le site de la Bastille, et plus particulièrement celui du Rabot, continuent de faire l'objet de réflexions sur leur devenir.

ET SI POMA 2000 AVAIT VU LE JOUR…

Les années 1970 s'imposent comme l'âge d'or de l'automobile. À Grenoble, le tramway a déserté totalement les rues depuis 1952, où il est remplacé par des lignes de trolleybus et d'autobus. Le réseau est rapidement congestionné, comme dans toutes les villes françaises. Se développe alors une myriade de projets de transport collectif en site propre (TCSP) visant à réinventer nos modes de déplacement, des plus réalistes aux plus utopiques. Certains sont des réussites, mais la plupart n'ont pas vu le jour. C'est le cas du Poma 2000 à Grenoble, un prototype inédit de transport urbain qui, après cinq années d'expérimentations poussées, sera petit à petit abandonné du fait des difficultés d'insertion urbaine et des inconnues financières et techniques dues à l'usage de ce nouveau système.

Tout commence en 1967 lorsque l'équipe chargée de concevoir le quartier de la Villeneuve à Grenoble,

À gauche : Document de communication pour le Poma 2000, non daté.
Fonds Agence d'urbanisme de la région grenobloise.

Perspective dessinée pour l'insertion du Poma 2000, document non daté.
Fonds Agence d'urbanisme de la région grenobloise.

Photomontage d'une station du Poma 2000 le long de l'avenue Alsace-Lorraine au niveau de la place Victor-Hugo.
Fonds Agence d'urbanisme de la région grenobloise.

immense projet d'utopie sociale et architecturale s'il en est, propose de créer un axe lourd de transport en commun afin de relier le centre-ville au nouveau pôle d'urbanisation du sud de Grenoble. L'idée est reprise en 1969 dans le livre blanc de l'Agence d'urbanisme et d'aménagement grenoblois. Les premières études concluent à la possibilité d'une ligne en site propre reliant la ville de Fontaine (agglomération grenobloise) à la Villeneuve, en passant par le centre-ville. En 1970, un appel d'offres est ouvert dans la foulée. Les sociétés Pomagalski et Neyrpic se saisissent du projet et réalisent les premières études. Les deux constructeurs grenoblois proposent d'exploiter des petites cabines non automatisées et tractées par câble. Le dispositif, dénommé Poma 2000, est imaginé pour circuler au sol ou en hauteur sur des viaducs au-dessus des voiries par la société Poma, du nom de l'industriel Pomagalski, installée à Fontaine et connue pour ses différents systèmes de remontées mécaniques et transports par câble. En 1974, après plusieurs expérimentations, un tronçon test d'un kilomètre reliant Alpexpo (centre d'exposition au sud de Grenoble) à la Villeneuve est construit. Ce tronçon comprend des aiguillages ainsi que deux stations. « *Poma 2000, c'est la perspective pour les Grenoblois d'entrer dans l'ère des transports en commun efficaces et agréables, susceptibles d'améliorer grandement la qualité de leur vie.* » (« Grenoble et le Poma 2000 », *L'Express Rhône-Alpes*, octobre 1974).

Si le Poma 2000 est alors un transport particulièrement bien vu par les automobilistes, car il n'empiète pas sur la chaussée contrairement au tramway, les habitants du centre-ville, eux, s'y opposent clairement. En 1975, une pétition des habitants de l'avenue Alsace-Lorraine contre le projet du Poma 2000 est lancée. L'opposition concerne en particulier son insertion au centre-ville, où le Poma doit circuler sur une estacade

L'UTOPIE DE LA VILLENEUVE

Construite dans les années 1970 par l'atelier d'urbanisme et d'architecture (AUA), la Villeneuve de Grenoble a indéniablement cette dimension utopique, d'un point de vue architectural, spatial et sociopolitique. Progressisme, humanisme et utopie ont joué un rôle déterminant dans la conception de ce quartier grenoblois. *« La Villeneuve, c'était un peu la ville ouverte, un endroit où on pouvait refaire sa vie »*, explique le philosophe et urbaniste Jean-François Augoyard, l'un des premiers habitants de la Villeneuve dans *Caravansérail* (BazarUrbain, n° 2, 2023). L'innovation traduit le désir d'un niveau de vie amélioré, une mixité d'usages et de populations (en termes de niveau socioculturel et d'origine culturelle), les valeurs d'un État providence et une forme particulière de démocratie participative. L'intégration de commerces et de services est (ou plutôt était) beaucoup plus poussée que dans de précédents projets avant-gardistes. Cette mixité d'activités et de fonctions est par ailleurs soumise à une discipline géométrique générale : des formes hexagonales avec quelques « îles extérieures » liées au corps principal par des galeries. Par ailleurs, le projet s'inscrit dans une critique de la « rue traditionnelle », associée à des conditions de pauvreté, au bruit, au manque de lumière, à la présence envahissante de la voiture. Outre les nuisances de la rue, le modèle spatial de la Villeneuve répond à la question de l'éclatement de la ville, proposant une manière de structurer un habitat dense dans un environnement « noyé » de verdure. La Villeneuve rompt avec le schématisme des « tours dans la nature » de Le Corbusier et d'autres architectes, tout en marquant une distance avec l'opposition entre ville et campagne. L'espace vert qui entoure les bâtiments est ici un espace dessiné, « socialisé ». Comme toute expérimentation, la Villeneuve n'a pas tenu toutes ses promesses, mais pour autant l'objet patrimonial, figé et assigné au passé, est-il le seul héritage possible de cette utopie ? À peine achevé, toujours questionné, déjà démonté, le projet interroge encore aujourd'hui.

Par le collectif BazarUrbain

Le nouveau quartier de la Villeneuve à Grenoble vu par Honoré Parise dans les années 1970.
Collection privée.

À droite : Entre 1972 et 1976, des habitants de la Villeneuve essayèrent de produire une image originale de leur vie avec les moyens des médias audiovisuels de leur temps. Soutenus par la municipalité et encadrés par une équipe de professionnels de l'image ou de l'action culturelle et éducative, ils profitèrent d'une mesure dérogatoire au monopole de l'ORTF sur la télévision pour produire et diffuser chaque semaine dans leur quartier des reportages, des magazines et des émissions de débat. Cette expérience, qui prit le nom de Vidéogazette, est unique et pionnière en France. Elle prit fin en 1976.
Photo : Honoré Parise. Collection privée.

assombrissant considérablement la chaussée, tandis que les cabines défilent devant les fenêtres du premier étage des immeubles. Pourtant en 1976, la société Poma 2000, créée pour ce projet, rentre dans une phase d'industrialisation. Mais en 1979, une nouvelle étude est lancée. Elle aboutit à la définition d'un réseau de tramway en site propre. Le Poma 2000 est progressivement abandonné au vu des incertitudes technologiques et financières, ainsi que des difficultés d'insertion dans le tissu urbain. Finalement, le tramway gagne la bataille des transports en commun. Après un référendum d'initiative citoyenne en 1983, il fait son grand retour à Grenoble en 1987.
Si le Poma 2000 n'a pas abouti, la métropole de Grenoble a vu, au cours du siècle dernier, de nombreux autres projets de transport par câble s'esquisser sans qu'aucun ne se réalise. Qu'en sera-t-il du projet actuel devant relier Fontaine à Saint-Martin-le-Vinoux aux portes de Grenoble ? ■

À visionner

- *Grenoble, ville d'eaux*, film réalisé par Adèle Barillon dans le cadre de l'exposition Grenoble, retour vers le futur, 13', 2022. vimeo.com/785001974.
- *La Bastille, acropole universitaire*, film réalisé dans le cadre de cette même exposition, 6'50, 2022. Diaporama d'archives du projet d'Acropole universitaire à partir du Fonds Atelier BENOIT Architectes depuis 1897. vimeo.com/855299396
- *Grenoble-La Villeneuve – Réinventer la ville* de Michel Régnier, 1h56, 1974. Sur les premières années de la Villeneuve de Grenoble où l'on voit les essais filmés du Poma 2000. (de 1:24:30 à 1:28:08). onf.ca/film/grenoble_la_villeneuve.

Cet article est tiré du travail mené pour l'exposition *Grenoble, retour vers le futur*, qui a eu lieu à Grenoble à la Plateforme du 7 septembre au 3 décembre 2022. Ce travail a été amorcé dans le cadre de deux recherches questionnant les écologies métropolitaines grenobloises : POPSU Métropole et l'ANR Sensibilia. Les recherches pour cette exposition ont été menées en collaboration avec des étudiants de master : Agathe Bréchemier, Coline Delacoux et Amélie Wild. Elles ont bénéficié des travaux de Michel Benoit, Jean-Marie Guétat et de Christophe Meuret.

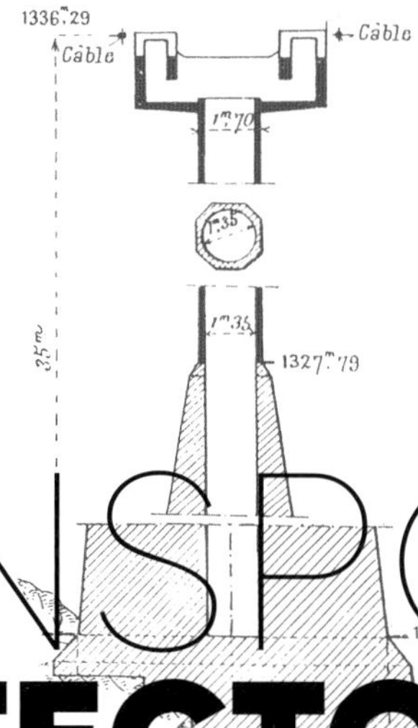

TRANSPORTS ARCHITECTONIQUES

Sous l'impulsion de la révolution industrielle, les transports aplatissent puis escaladent les Alpes, pour mieux les soumettre à l'irrésistible utopie marchande et touristique. Une grande aventure architecturale commence : viaducs, gares, stations ou pylônes deviennent autant d'ouvrages d'art qui célèbrent la domination de la nature par l'homme. Dans un geste prométhéen libératoire, ils veulent transcender le progrès technique… et déjouer les contingences alpines.

C'est l'Autriche-Hongrie qui lance, en 1848, la « conquête industrielle » des Alpes. Elle charge le Vénitien Carlo Ghega de tracer une voie ferrée entre Vienne et Graz, pour relier l'arrière-pays au port de Trieste. Quatorze tunnels, dix ponts en maçonnerie et l'imposant viaduc de la Kalte Rinne viennent à bout, à partir de 1854, du col du Semmering (898 m), franchi en souterrain (1,5 kilomètre). L'ouvrage démontre pour toujours que l'homme peut « aplatir » les Alpes, et le clame dans son architecture d'inspiration antique : les voûtes des galeries miment celles des thermes et les arches des ponts celles des aqueducs romains en pesants pleins cintres. Le colossal terrasse les Alpes… Près de 700 ouvriers périront pendant les travaux de cette « ligne maudite », classée aujourd'hui au patrimoine mondial de l'Unesco.

De 1857 à 1921, dix grands tunnels transalpins cumulent plus de 100 kilomètres. Cet effort titanesque s'incarne, paradoxalement et au fil des progrès techniques, dans une esthétique de la légèreté : pour réduire l'effort humain et financier, arches en pierre de taille puis structures en treillis métalliques deviennent de plus en plus altières, longues et célestes.

À partir de 1871, une même élégance économe et arachnéenne imprègne le transport touristique qui part à la conquête des cimes : les rails de la crémaillère puis le câble du funiculaire grimpent de plus en plus droit dans la pente et déguisent leurs gares en modestes chalets. Au tournant du XXe siècle, le sommet de la finesse est gagné par le téléphérique dont les câbles filiformes s'élancent dans le ciel. La puissance du génie civil n'est plus représentée par l'emphase, mais par la virtuosité.

DU GESTE PROMÉTHÉEN AU FONCTIONNALISME

À partir de 1905, un « funiculaire aérien » gracile, toutefois posé sur un câble « Hercule » que soutiennent pas moins de 52 pylônes en acier, s'envole vers l'aiguille du Midi (3 842 m). L'ambition se lit dans son architecture monumentale : la station de la Para (1 675 m), château fort néo-gothique en pierres taillées sur place, nourrit le culte du progrès.

Le « téléférique » de Planpraz lui succède, en 1928, et bascule dans la modernité fonctionnelle. Marcel Cayla, prodige du ciment armé, dessine une gare-cube de style « Bauhaus » au sommet, et six pylônes en béton aussi simples qu'indestructibles. Le mouvement « moderne » gagne les belvédères français (Salève, Veyrier, Revard, Bastille) ainsi que toutes les Alpes, au Predigtstuhl (Autriche), à Oropa (Piémont italien) ou à la Zugspitze (Allemagne).

Inventées après-guerre pour conquérir l'or blanc, les remontées mécaniques privilégient la standardisation. L'architecture ne reprend ses droits qu'après l'an 2000, avec de grandes signatures pour repenser quelques installations emblématiques. Rattrapés par les exigences prosaïques de la montagne, comme par celles des banques, les transports architectoniques hantent encore un XXIe siècle qui rénove et se cherche. ■

L'affichiste Roger Broders stylise le pylône en ciment armé n° 1 du téléphérique de Planpraz, élancé et fonctionnel, dont l'architecte Marcel Cayla a dressé les plans. Véritable monument historique de l'architecture des transports alpins, haut de 35 mètres, il ne fut jamais classé… Après qu'une nouvelle télécabine l'a évincé, le XXIe siècle a préféré le grignoter de la tête au pied, pour répandre ses cendres dans les pentes – ainsi que celles de ses cinq congénères – au moyen d'une plateforme coulissante et broyeuse, dans laquelle fut engloutie une petite fortune.

Collection Pierre-Louis Roy (plan). Archives départementales de Haute-Savoie, 38 Fi 143 / Wagons-lits Diffusion / Adagp, Paris, 2023 (affiche).

L'AUTEUR

PIERRE-LOUIS ROY

Écrivain passionné par l'histoire des Alpes et la « conquête industrielle » des cimes, grand collectionneur de photos et documents anciens, il a publié aux éditions Glénat *L'aiguille du Midi et l'invention du téléphérique* (2004), *Mont-Blanc Express* (2008), *Chamonix libéré* avec Corinne Tourrasse (Atelier Ésope, 2014), *Trains des Alpes, deux siècles vertigineux* (Dauphiné Libéré, 2021) et enfin *Une histoire de l'aiguille du Midi et des téléphériques* (Glénat, 2022).

ROGER
BRODERS

Le portail sud du tunnel de la Colombière avant que la voûte ne devienne romane et en plein cintre lors du doublement de la voie en 1901.
Collection Pierre-Louis Roy.

L'imposant dôme baroque de la gare de Lucerne défie les Alpes centrales et se mire dans le lac des Quatre-Cantons.
Collection Pierre-Louis Roy.

1857 ▲

ROMANTIQUE PARURE NÉO-GOTHIQUE

Lorsque le royaume de Piémont-Sardaigne lance le percement du premier grand tunnel ferroviaire transalpin (13,6 km) au Fréjus, pour relier Turin à Chambéry par la « ligne Victor-Emmanuel », celle-ci remonte déjà vers Paris en longeant le lac du Bourget depuis Aix-les-Bains. L'abrupte montagne de la Chambotte qui plonge dans l'eau douce impose les deux tunnels longitudinaux de la Colombière et de Brison. Pour permettre aux gardes-voies de surveiller les entrées et sorties des trains, quatre tours de guet sont sublimées en monument médiéval à la mode. En 1901, lorsque la Compagnie du PLM double la voie, elle agrandit certaines tourelles pour y loger les gardes-voies, avec une base carrée et un style sarde, quarante ans après que la ligne est devenue française. Depuis 1984, les « tourelles sardes » sont inscrites à l'inventaire des monuments historiques.

1901

VICTOIRE DU GÉNIE MILITAIRE

L'excessif débordement du torrent de la Griaz, en août 1895, a raison du tracé économe de la future ligne le Fayet–Chamonix–Vallorcine et de la desserte du village des Houches… Pour éviter ses inondations dévastatrices, il est décidé de franchir l'Arve en viaduc et en aval, à l'entrée de la vallée du Mont-Blanc. Un premier plan prévoit, dans une logique fonctionnelle et moderniste, un pont de 125 mètres de long, dont 50 en tablier métallique, 52 mètres au-dessus de la rivière, bordé de chaque côté par des arches en maçonnerie.

Internationale, cette ligne doit être soumise à la validation du ministère de la Défense. En juin 1896, il conteste l'ouvrage métallique qui *« n'est pas sans inconvénient au point de vue de la surveillance en temps de guerre dans une vallée aussi froide que celle de Chamonix et aussi exposée à des tentatives de partisans ennemis venus par les divers cols du massif du Mont-Blanc* […]. *Il conviendrait de diminuer les facilités de destruction en construisant ce pont en maçonnerie »*. En juin 1897, l'Armée valide les plans du viaduc Sainte-Marie, toujours en place aujourd'hui. Son arche centrale de 25 mètres d'ouverture dessine un arc de triomphe en pierre de taille, comme un hommage au toit de l'Europe. Décidé à marquer l'ouvrage de son empreinte, le ministre lui-même approuve le projet, *« à condition que les parements en moellons épincés soient exécutés en assise horizontale et non en mosaïque »*. Même l'architecture ne saurait échapper au génie militaire ! ▼

Le viaduc Sainte-Marie au-dessus de l'Arve.
Photo : Klaus Foehl. commonswikipedia.

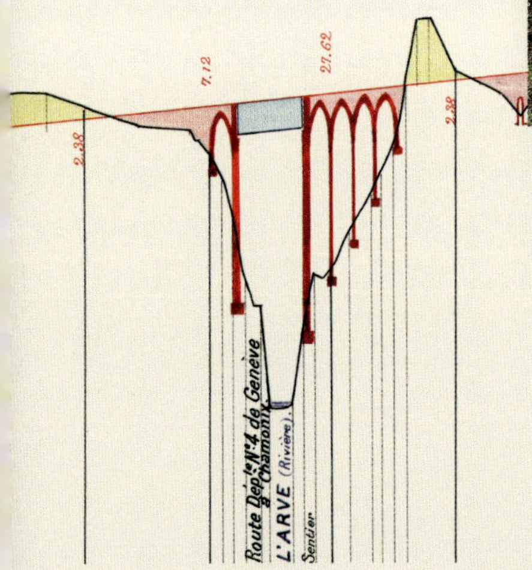

Pour le viaduc Sainte-Marie, le ministère de la Défense fera rempart au tablier métallique de 50 mètres, dessiné en bleu sur le plan de mars 1896, pour imposer la pierre de taille, plus résistante à d'éventuels assauts ennemis.
Archives SNCF.

1896 ▲

GARE À L'ÉCLECTISME !

Porte d'entrée des Alpes centrales, Lucerne décide d'agrandir sa gare alors que se profile la ligne transalpine du Gothard. L'architecte suisse Hans Wilhelm Auer, qui bâtit à Berne le parlement helvétique tel un « monument national », dote Lucerne d'une étonnante gare de style éclectique. D'inspiration à la fois romane et baroque, son ambitieux dôme en verre de 40 mètres de haut inspirera la célèbre gare d'Anvers-central, tandis que son majestueux hall d'entrée est couronné, à partir de 1907, d'une statue de Richard Kissling dédiée à « l'esprit du temps » : un homme nu, assis sur un wagon ailé, tend un bras glorieux vers l'horizon dégagé ! Le soir de l'incendie qui ravage la gare en 1971, l'imposante horloge frontale s'arrête à 9 h 03, l'heure exacte qu'elle affichait par hasard sur les plans d'origine. Elle trône toujours devant la nouvelle et troisième gare, à laquelle collabora l'architecte Santiago Calastrava Valls, inaugurée en 1991… à 9 h 03 !

VERS 1900

MONUMENTS PERDUS

À l'intérieur de la chaîne alpine, le surcroît d'investissement dans les ouvrages d'art conduit les compagnies ferroviaires à lésiner sur les gares, aux airs de petit chalet en Suisse ou en Autriche, de refuge austère à Bourg-Saint-Maurice ou de longères bressoises dans les villages haut-savoyards. Seules les gares de capitales alpines comme Grenoble, Briançon, Innsbruck, ou Bolzano, par exemple, ont droit à un effort financier et architectural. Les grands tunnels internationaux font toutefois exception à ce sobre équilibre. Pour mieux gérer l'ampleur des trafics (passagers ou marchandises), de véritables palaces ferroviaires sont érigés au pied de la ligne de faîte, dans un environnement isolé, reculé et rugueux. L'ouverture des tunnels du Simplon puis du Lötschberg justifie, par exemple, en 1905 à Brigue dans le Valais (2 000 habitants à peine), la construction d'une nouvelle gare monumentale, assise sur les déblais des percements passés et dressant trois étages sur près de 100 mètres de long. De même, pour la ligne Nice–Coni, l'État italien promeut dans les années 1920 à Saint-Dalmas-de-Tende alors italienne (2 000 habitants aujourd'hui) une majestueuse gare internationale néo-baroque, longue de 120 mètres. Digne d'un palais lombard ou d'un musée florentin, elle est devenue française en 1947 et aimerait ne pas regarder passer les trains. ▼

La gare de Brigue trône tel un palace perdu au beau milieu des Alpes.
Collection Pierre-Louis Roy.

La gare de Chamonix vers 1910 (à gauche) et après son doublement et son habillage tyrolien en 1912 alors qu'a quintuplé l'afflux de skieurs.
Collection Pierre-Louis Roy.

Collection Pierre-Louis Roy

1901 • 1912 ▲

CHAMONIX CHAMARRÉ

La France ayant préféré le tunnel du Simplon (Valais) au percement du mont Blanc, Chamonix n'est plus considéré comme un brillant nœud ferroviaire international, mais comme une station qu'il faut désenclaver avec frugalité. Les ingénieurs se rabattent sur une voie étroite (1 m) et, s'ils battent le record mondial de pente parcourue en « adhérence simple » entre la roue et le rail (9 %), ce n'est que pour économiser le coût d'une crémaillère et celui de locomotives *ad hoc*.
Il en va de même pour l'allure des gares : la compagnie PLM recopie sans états d'âme l'avantageux standard « des Dombes » – style originaire de l'Ain – sur un simple « bâtiment de deuxième classe » pourvu de seulement cinq travées de portes et fenêtres, pour desservir la future *« capitale mondiale de l'alpinisme et du ski »*, en Haute-Savoie et au pied du mont Blanc...
Cette vision étriquée ne résiste pas longtemps à l'afflux de visiteurs : les 100 000 voyageurs en 1902 sont bientôt cinq fois plus nombreux ! Dès 1909, le PLM envisage d'ajouter 12 travées côté est et neuf côté ouest, et d'agrandir la façade de 60 à 103,5 mètres.
Le ministre des Transports somme lui-même le PLM *« d'adopter des dispositions architecturales qui, tout en restant simples et économiques, fussent plus satisfaisantes »*. Les longues toitures monotones des ailes seront festonnées de chiens assis de style tyrolien.
« Sur le pavillon central, écrit le PLM, *les faîtières déjà prévues recevront des dispositions plus décoratives et le motif d'horloge sera remanié de façon à le mettre en harmonie avec le style des lucarnes. »* La nouvelle gare très autrichienne, mais néanmoins alpine, est inaugurée dès 1912. Elle garde, depuis, la tête haute !

1903 • 1910 • 1928

PLEINS ET DÉLIÉS

Pour traverser les Alpes, la révolution industrielle doit jeter des viaducs ferroviaires de plus en plus audacieux au-dessus des gouffres torrentiels. Au tournant du XIXe siècle, élégance et légèreté architecturales réduisent la facture et accroissent l'efficience. L'ingénieur gréco-suisse Alexander Acatos signe un premier chef-d'œuvre de 136 mètres de longueur dans les Grisons : cinq piles et six arches en plein cintre, en pierre de taille de calcaire sombre, érigées en un an et demi. Surplombant de 65 mètres la Landwasser, son viaduc s'achève en tunnel au beau milieu d'une falaise verticale. Image d'Épinal du romantisme touristique et des prouesses ferroviaires alpines, ce viaduc constitue, à partir du 1er juillet 1903, le point d'orgue de la ligne de l'Albula qui relie Choire à Saint-Moritz, puis gagne l'Italie par le col de la Bernina. Il est aussi classé depuis 2008 au patrimoine mondial de l'Unesco.
Acatos participe ensuite à l'édification du plus haut viaduc de Suisse, dans les Préalpes appenzelloises, 99 mètres au-dessus de la Sitter en Suisse. Cette fois, il opte pour un ouvrage mixte : le pont central de 120 mètres de long, en treillis métallique avec tablier supérieur, est bordé de deux viaducs en maçonnerie, aux arches de 25 mètres d'ouverture. Achevé en 1910, l'ouvrage est classé bien culturel suisse d'importance nationale.
En France, le virtuose des voûtes en maçonnerie, Paul Séjourné, signe la fin des records alpins, des lignes secondaires exigeantes et de ses propres chefs-d'œuvre, au-dessus de la Roizonne sur la ligne de la Mure. Une arche centrale de 90 mètres enjambe 120 mètres de vide. Commencé en 1913 et interrompu par la guerre, son viaduc est achevé en 1928, alors qu'émerge l'automobile et que décline le chemin de fer. Cette « huitième merveille du Dauphiné » est aujourd'hui livrée à la circulation routière ! ▼

Le petit train de l'Albula enjambe la Landwasser 65 mètres au-dessus de son lit.
Collection Pierre-Louis Roy.

1905 ▲

L'ASCENSEUR INSENSÉ

Au cœur des Alpes gît le lac des Quatre-Cantons, duquel émerge la montagne insulaire du Bürgenstock. Dans la pure tradition romantique du jardin d'Éden, les touristes arrivent par bateau depuis Lucerne, puis gagnent un épaulement à 1 000 m d'altitude, où s'épanouissent à partir de 1872 quelques luxueux palaces au panorama circulaire mémorable.
Pour mieux hisser les visiteurs jusqu'à ce petit paradis, sis 440 mètres au-dessus du lac, l'hôtelier Franz Josef Bucher-Durrer inaugure le 8 juillet 1888 un funiculaire avant-gardiste et électrique, conçu par Carl Roman Abt.
En 1905, il tente le diable pour élever plus encore ses clients amateurs de frissons. Après avoir taillé à coup d'explosifs un sentier dans la falaise du Hammetschwand (1 227 m), cime ultime de la montagne, il érige un ascenseur de 157 mètres. D'abord souterrain, ce dernier gravit ensuite en une minute la cage en treillis métallique de 118 mètres de haut, épinglée à la paroi jusqu'au sommet. Un aboutissement de dentelle métallique qui reste aujourd'hui l'ascenseur extérieur le plus élevé d'Europe et est inscrit comme bien culturel suisse d'importance nationale.

1932

UN PAS DANS LE VIDE

Pour relier la platitude du Léman à l'ivresse du panorama au Salève (1 066 m), et remplacer l'ancienne crémaillère à bout de force, le promoteur Auguste Fournier demande aux ingénieurs André Rebuffel et Édouard Pellerin de reproduire leur prouesse du « téléférique » du Brévent : portée unique (1 118 m sur 666 m de hauteur) lancée entre les infrastructures en ciment armé, double boucle de trois câbles à la fois porteurs et tracteurs. Un dispositif inédit (et jamais repris) !
L'architecte Maurice Braillard salue cette *« modernité technologique et esthétique »* du câble et du béton, en dressant une *« tour »*, jetée au-dessus du vide, *« qui ne va pas sans rappeler les projets utopiques de constructivistes russes, comme le gratte-ciel horizontal de El Lissitzky (1924) ou le restaurant sur la falaise de Ladowski (1922) »*, précise la Fondation qui lui est consacrée. Si la gare inférieure a été démolie, la structure de la gare supérieure que l'on croirait posée sur un pylône du défunt téléphérique de Planpraz, a été restaurée pendant deux ans et inscrite, il y a peu, à l'inventaire des monuments historiques.
L'hôtel-restaurant-casino panoramique en surplomb, promis lors de l'inauguration du 7 juillet 1932 et jamais achevé, fait désormais, 90 ans plus tard, le pas dans le vide tant espéré ! ▼

Collection Pierre-Louis Roy

TRANSPORTS **ARCHITECTONIQUES**

La gare du téléphérique du mont d'Arbois, habillée en villa alpine par l'architecte Henry-Jacques Le Même à la demande de la baronne Noémie de Rothschild.
Collection Pierre-Louis Roy.

L'innovante et trop complexe gare du téléphérique du col du Midi est abandonnée en 1947.
Collection Amis du Vieux Chamonix.

1933 • 1934 ▲

CHIC CONTRE CHOC

Peu après le traumatisme de la Première Guerre mondiale, la baronne Noémie de Rothschild décide d'investir, au pied du mont d'Arbois (1 833 m), les pâtures bon marché : elle mise sur l'essor des sports d'hiver et souhaite transformer le rustique village de Megève en station de ski *« moderne et mondaine »*. En décembre 1921, elle ouvre un hôtel, puis étrenne une ribambelle de chalets. Charles Viard, entrepreneur avisé et riche marchand de bois sallanchard, lui emboîte le pas : il parie sur une remontée 100 % hivernale qui facilite le ski de descente, et non plus d'abord la contemplation du panorama estival. Seule compte alors la fonction : il fait fi du décorum et inaugure en 1933 son téléphérique de Rochebrune (1 754 m), remontée mécanique purement fonctionnelle dont la machinerie inférieure est ceinte de grossiers parpaings grisâtres. Dès la veille de Noël 1934, la baronne riposte depuis ses terres, sur le flanc opposé du mont d'Arbois, et, distinguée, prie son architecte emblématique Henry Jacques Le Même de soigner les gares. Inspiré par les « chalets-ski » qu'il conçoit pour la baronne à partir de 1925, selon l'auteur Chantal Bourreau, et que celle-ci veut voir *« ressembler aux fermes du pays mais avec un intérieur très confortable »*, il choisit d'habiller ses gares en villas alpines. Bon goût et élégance donnent le « la », captant les skieurs et inspirant l'urbanisme mégevan. Rochebrune finira, après-guerre, par envelopper sa fruste station de départ dans une coque en bois brut.

1935

BELVÉDÈRES **UTOPIQUES**

Galvanisé par son succès au Salève, le « téléphérique de belvédères » essaime sur les sommets de moyenne montagne au panorama dégagé, au-dessus de villes d'eaux dont les curistes s'improviseraient volontiers touristes! Toujours sous la houlette de Rebuffel et de Pellerin, il gagne le mont Baron (1 299 m) au-dessus d'Annecy le 29 juillet 1934, puis le mont Revard (1 562 m) le 20 décembre 1935, où il décroche le record du monde de portée (1 578 m) et remplace la crémaillère de 1892, ou encore le Béout dans les Pyrénées. Grenoble réplique à la Bastille, avec l'industriel Adolf Bleichert le 29 septembre 1934, et conclut la lignée des téléphériques de belvédères lancée à la toute fin des années 1920 à Cape Town (Afrique du Sud), puis à Bad Reichenhall dans les Alpes bavaroises et enfin, à Miramar dans le port de Barcelone (Espagne). Dans tous les cas, comme au Brévent puis au Salève, une signature architecturale veut singulariser le chef-d'œuvre et éblouir le visiteur. Au sommet du mont Baron, Battuz et Weber conçoivent une gare-cylindre néo-classique à colonnades, dont le quai central devient une improbable proue de navire, comme celle de la Compagnie des bateaux du lac d'Annecy qui est justement l'actionnaire du téléphérique! Pour la gare inférieure du mont Revard, l'architecte Laurent Pierron tente de fusionner l'Art déco et Le Corbusier en une nouvelle rigueur classique. Sa tourelle sémaphore jaillit au-dessus d'un large auvent en éventail, et menace aujourd'hui, abandonnée, de s'écrouler... ▼▶

L'étrave du mont Baron (ci-dessus) et le sémaphore du mont Revard (en haut).
Collection Pierre-Louis Roy.

1941

PÉCHÉ ▲ D'ORGUEIL

Chargé de concevoir le plus haut téléphérique du monde au col du Midi (3 605 m), l'ingénieur Marius Brossé veut aussi inventer un système unique au monde... capable de vaincre le givre d'altitude qui alourdit les câbles au point de les rompre! Pour la gare inférieure (2 414 m), il décide de placer la salle de commande, contenant moteurs, poulies et machinerie, dans une lourde cabine faisant office de contrepoids et pouvant rouler, au gré de la tension des câbles, sur 15 m de plan incliné en béton. Si le givre s'accumule à l'excès sur les filins, le chariot remonte jusqu'à un repère qui déclenche le moteur : les câbles alors mis en mouvement traversent des racloirs qui les libèrent de la glace. Plusieurs dizaines d'ouvriers – en fait autant de réfractaires au STO venus se réfugier au col du Midi, futur maquis de la Résistance – couleront le béton jusqu'à la Libération, bien après la mort prématurée de Brossé. Irréalisable, son téléphérique est abandonné... cas unique au monde! À partir de 1948, son « chariot-contrepoids » surnommé « moulin à café » ou « fer à repasser », pour sa dégaine improbable, reste inerte à jamais.

1945 • 1955 • 2009

L'AIR DU TEMPS

À la sortie de la Seconde Guerre mondiale, la France meurtrie veut retrouver sa fierté : les architectes Bouvier et Chevallier dessinent à Chamonix une gare porte-drapeaux et monumentaliste, dont la façade placarde la ligne ambitieuse du téléphérique du Plan de l'Aiguille, dont elle est le point de départ, vers la gare des Glaciers puis le refuge des Grands-Mulets et enfin, le sommet du mont Blanc! Dix ans plus tard, en 1955, la mode est au chalet, bien plus propice à la consommation touristique que l'austère style savoyard. Les mêmes architectes conçoivent alors, pour cette gare qui conduit désormais à l'aiguille du Midi, une résidence intimiste où le bois domine. En 2009, Jean-Michel Wilmotte la sertit d'un édifice modulaire et granitique, camp de base du monde minéral de la très haute montagne. ▼

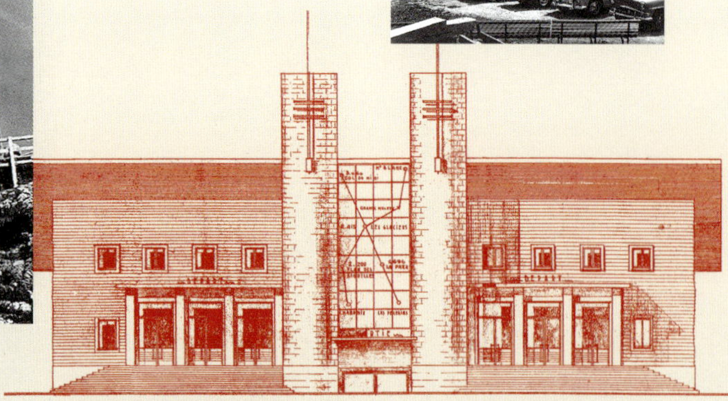

La gare de départ du téléphérique de l'aiguille du Midi, conçue comme un monument porte-drapeau (en rouge) sera finalement déguisée en chalet dix ans plus tard.
Collection Pierre-Louis Roy.

Collection Pierre-Louis Roy

Photo Pierre-Louis Roy

1957 ▲

PYLÔNE TOUT EN L'AIR

Pour relier son téléphérique de l'aiguille du Midi à son installation du refuge Torino, sur la frontière italienne du massif du Mont-Blanc, l'entrepreneur Dino Lora Totino doit survoler cinq kilomètres de glaciers mouvants. Depuis l'îlot rocheux du Gros Rognon (3 541 m), il peut gagner directement la pointe Helbronner (3 462 m) s'il parvient à surélever les câbles (l'un porteur, l'autre tracteur) de sa future télécabine « pulsée » quelques centaines de mètres avant l'arrivée. Soi-disant inspiré par l'accrochage des lignes électriques qui alimentent les tramways de Turin, l'ingénieur Vittorio Zignoli invente un pylône suspendu, unique au monde. Sa double tête porteuse de 30 tonnes est amarrée à trois câbles tendus entre le Petit et le Grand Flambeau (3 559 m), 50 mètres au-dessus du glacier qui, chaque jour, glisse de 30 centimètres !

2003 • 2023 ▲

UTOPIQUE MODESTIE

Au XXIe siècle, on n'innove plus dans les transports alpins : soit on démontre que les réalisations du XXe siècle ne sont plus soutenables, soit on rénove. Pour redonner de la valeur ajoutée, rien ne vaut la caution d'architectes renommés ! Tour d'horizon de quelques célèbres réalisations de ce siècle.

Aux Diablerets, au tournant du siècle, le Tessinois Mario Botta sculpte en forme de diamant une nouvelle gare sommitale (2 944 m) et son restaurant, Glacier 3 000. Après l'incendie qui les ravage en septembre 2022, il se remet à l'ouvrage, pour une réouverture prévue en 2024.

Le 1er décembre 2007, c'est l'architecte irako-britannique Zaha Hadid qui dépoussière les quatre gares du funiculaire centenaire de Hungerburg, à Innsbruck (Autriche), et impose son style dit « déconstructiviste » et « néo-futuriste ».

En 2015, le nouveau téléphérique Skyway Monte Bianco entre Entrèves et la pointe Helbronner (3 466 m) veut *« rapprocher l'homme de la montagne et du ciel »* avec *« une architecture qui défie les lois de la nature, là où le regard atteint des sommets »*… et des gares qui ressemblent à des aéroports.

Après l'incendie qui a totalement détruit le téléphérique des Grands-Montets (3 277 m) le 11 septembre 2018, le dessin des gares d'une toute nouvelle installation a été confié à Renzo Piano. L'architecte s'inspire de la pyrite – minéral du cru – pour concevoir des stations en forme de cubes de cristal qui *« privilégient la sobriété et l'humilité, car on ne peut pas conquérir la nature »*. Après un siècle d'architecture incarnant la domination industrielle du monde, voici que l'homme laisse croire qu'il ne s'y frotte plus, mais mobilise, modeste, de grandes signatures ! ▼

1963 ▲

DÉFI À LA CRUE GLACIAIRE

Au début des années 1960, les scientifiques prédisent encore la fin du cycle interglaciaire et un refroidissement prochain. Pour gagner l'aiguille des Grands-Montets (3 277 m) et y lancer un spot mondial de « grand ski », de ski d'été et plus tard de *freeride*, l'ingénieur Max Michel et le constructeur Von Roll optent pour un pylône de 84 mètres qui relève leur téléphérique bien au-dessus du glacier. Alors plus haute remontée de voyageurs au monde, le téléphérique frappe par son élégance fonctionnelle et transparente : son corps en treillis métallique n'est stabilisé latéralement que par deux poutrelles ajourées, l'une à l'arrière et l'autre sur le côté est. Dès 1965, ce record français est battu au Kitzsteinhorn (Autriche) avec un tube élancé de 113,6 mètres ! En 2016, un pylône du nouveau téléphérique de la Zugspitze (Allemagne) atteint 127 mètres et devient le plus élevé d'Europe. Victimes d'un incendie en 2018, le téléphérique et le pylône des Grands-Montets seront bientôt entièrement reconstruits, avec, réchauffement climatique oblige, un modeste appui intermédiaire deux fois moins haut.

1965

AU BOUT DU TUNNEL

Le 16 juillet 1965, presque deux siècles après que Saussure en a (soi-disant) eu la révélation depuis le sommet, le 3 août 1786, le tunnel routier du Mont-Blanc est inauguré par le général de Gaulle et le président Saragat. Pour forer la galerie automobile la plus longue (11,6 kilomètres) et la plus profonde au monde à l'époque (2 500 mètres d'épaisseur sous l'aiguille du Midi), il aura fallu canaliser en un seul geste bâtisseur l'effort franco-italien. Toutefois, chacun garde son bout du tunnel ! À Entrèves en Italie, la voûte romane du portail est rehaussée d'un tympan minéral et d'une arche métallique légère comme un arc-en-ciel. À Chamonix, un paralume dresse quinze poutrelles en béton très *sixties* – comme autant d'accents circonflexes dessineraient le point culminant des Alpes – et ménage une section rectangulaire à l'embouchure du tunnel, rare à l'époque. Au nord, on veut protéger de l'écart brutal d'intensité lumineuse, tandis qu'au sud, on préfère souligner le geste fondamental du percement. ▼

La pyrite a inspiré à Renzo Piano la forme cristalline de ses gares des Grands-Montets.
Photo : Renzo Piano Building Workshop.

Tunnel routier du Mont-Blanc, côté français.
Collection Pierre-Louis Roy.

Maquette du projet de l'atelier d'architecture de Renzo Piano pour les Grands-Montets.
Maquette : Renzo Piano Building Workshop (RPBW).

RESPIREZ !

À partir de la fin du XIXe siècle, des sanatoriums d'altitude sortent de terre, à l'initiative de médecins convaincus des vertus thérapeutiques de la montagne : l'exposition au bon air des hauteurs, loin de celui vicié des villes des plaines. L'architecture même des établissements est pensée pour favoriser la guérison des malades.

« A *la montagne, la vie reçoit un coup de fouet régénérateur : les fonctions s'améliorent, l'appétit renaît, le sang se charge de globules rouges, les forces réapparaissent, l'organisme se défend. C'est par ce seul moyen que l'on peut guérir d'une manière durable les tuberculeux* », affirme J. Lépine dans sa *Notice sur le projet de sanatorium public des Petites-Roches à Saint-Hilaire-du-Touvet (Isère)*, en 1923. L'histoire du traitement de la tuberculose pulmonaire est d'abord celle des cures d'air en sanatorium, pour lesquelles médecins et architectes allèrent chercher en montagne l'air, le soleil, la pression atmosphérique, l'hygrométrie – en un mot le climat – propices à la guérison. Le succès que connaissent dès la fin du XIXe siècle des stations climatiques suisses de Davos et de Leysin fait écho à l'engouement littéraire pour *La Montagne magique* (1924), que Thomas Mann situe dans un sanatorium de Davos et qui en assurera une popularité durable.

LA MONTAGNE, PAYS D'IMMUNITÉ

L'influence du climat sur diverses pathologies, et plus spécifiquement la tuberculose, était discutée dans les milieux médicaux européens depuis le début du XIXe siècle. En 1829, l'ouvrage du médecin anglais Sir James Clark *The Sanative Influence of Climate* ouvre la voie d'un traitement spécifique : estimant que la maladie est la conséquence de « passions dépressives », du « confinement dans les maisons » ou du manque d'activité physique, il recommande d'y opposer un régime alimentaire copieux, la pratique d'exercices « en plein air » et le séjour dans un climat sain. Vingt-cinq ans plus tard, le médecin allemand Hermann Brehmer élabore sur cette base un programme thérapeutique complet, dont il justifie la pratique en « établissement fermé » par la nécessité d'une rigoureuse application. Brehmer, surtout, popularise le principe du bienfait de l'altitude en raison de l'immunité naturelle dont jouiraient les montagnes. Il fait édifier en 1854 à Goerbersdorf, au pied des Monts des Géants (Silésie, actuelle Pologne), un premier *Kurhaus*, qui sera agrandi dans les années 1870. C'est le premier établissement à mettre en œuvre méthodiquement la cure antituberculeuse sous une direction médicale et dans des espaces dédiés : il signe donc l'acte de naissance du sanatorium. La découverte de la contagiosité de la tuberculose par Jean-Antoine Villemin en 1862, puis celle du bacille tuberculeux par Robert Koch en 1882, démystifient la « phtisie » sans remettre en question la primauté accordée au climat d'altitude : la notion d'asepsie

L'AUTEUR
PHILIPPE GRANDVOINNET
Architecte praticien, historien de l'architecture, directeur des études et de la vie étudiante à l'École nationale supérieure d'architecture de Grenoble-Université Grenoble Alpes. Il a publié en 2014 l'ouvrage *Architecture thérapeutique : histoire des sanatoriums en France (1900-1945)* issue de sa thèse de doctorat.

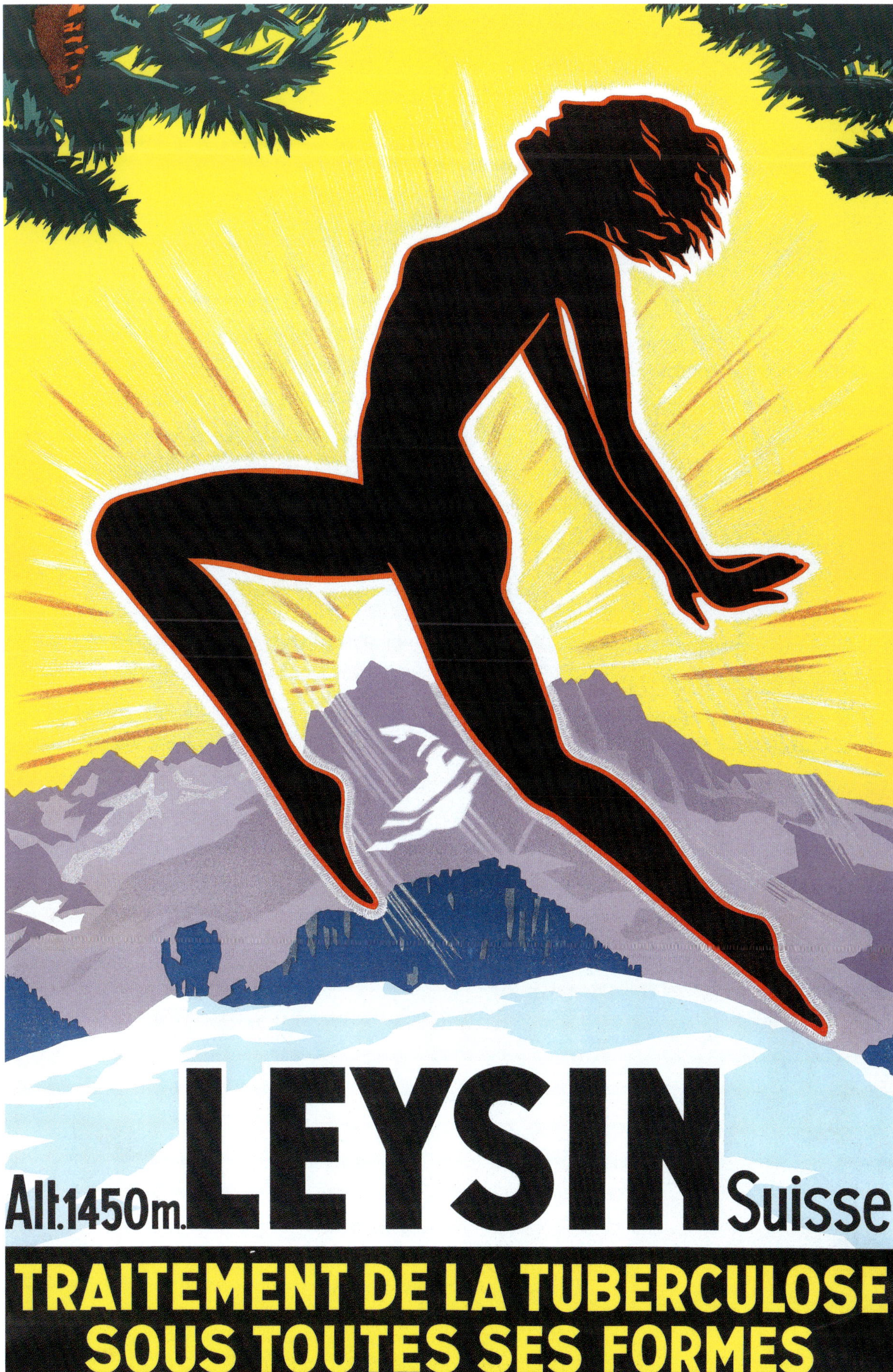

Affiche publicitaire de 1910 pour la station climatique de Leysin dans les Préalpes vaudoises qui illustre parfaitement les propos du médecin Georges Küss : *« L'air pur sans germes ni poussières, sec et frais et pourtant ensoleillé* [de la montagne] *donne une sensation incomparable de légèreté. »*

Source : Akg-images / UIG / Universal History Archive.

En haut : Concours pour la construction du sanatorium Édouard VII, projet de Karl Turban et Jacques Gros, 1902. Un sanatorium alpin idéal présenté à un *« concours international d'architecture entre médecins »*. Extrait de C. Hamel, *Tuberkulose-Arbeiten aus dem Kaiserlichen Gesundheitsamte, 5. Hefte*, J. Springer, 1904-1918.

En bas : Sanatorium départemental du Rhône, Saint-Hilaire-du-Touvet. Avec plus de 500 lits, le sanatorium des Petites-Roches fut l'un des plus grands sanatoriums départementaux de France. Une carte postale souvenir car, depuis, les bâtiments ont été détruits. Collection de l'auteur.

climatique est remplacée par celle d'asepsie bactériologique qui semble spécifique aux lieux isolés, haute mer ou montagne : « *En été, aux altitudes d'au moins 1000 mètres [...], l'air pur sans germes ni poussières, sec et frais et pourtant ensoleillé, donne une sensation incomparable de légèreté, contrastant avec l'atmosphère lourde et chaude de la plaine, et produit une stimulation intense, qui tonifie rapidement les sujets anémiés, languissants, déprimés. En hiver, dans les stations de haute montagne bien situées, le froid sec se supporte très facilement, parce que l'air est calme, sec, parce que les radiations solaires, arrivant directement ou réfléchies par la neige sont emmagasinées par le corps ; la grande durée d'insolation dans les belles journées d'hiver qui sont la règle, l'intensité des radiations solaires, la rareté des brouillards et du vent, sont les avantages énormes qui expliquent les bons effets des cures d'altitude* », explique le médecin Georges Küss (cité par P.E. Davy, *in* « Naissance et vie d'une station d'altitude haut-savoyarde, Passy, 1924-1960 », 1960).

DES MÉDECINS ARCHITECTES ?

Au sanatorium de Falkenstein, construit en 1876 dans les monts du Taunus (Allemagne), Peter Dettweiler perfectionne la thérapie élaborée par Brehmer en systématisant la cure de repos en plein air (*Luftruhekur*), pratiquée en toutes saisons jusqu'à dix heures par jour dans des galeries protégeant le malade des intempéries. La galerie de cure adossée à la façade sud des bâtiments devient le principal marqueur architectural des établissements de cure.

Jusqu'au début du XXe siècle, les médecins seront donc les premiers prescripteurs en matière d'architecture sanatoriale : lorsqu'en 1902 le gouvernement anglais lance un concours d'idées pour la construction d'un sanatorium en l'honneur du roi Édouard VII, il s'adresse aux médecins, « avec ou sans l'assistance d'architectes ». À cet extravagant « concours international d'architecture entre médecins », le médecin suisse Karl Turban propose, en collaboration avec l'architecte Jacques Gros, celui d'un sanatorium alpin inspiré de l'établissement qu'il dirigeait à Davos depuis 1889. Le bâtiment est constitué de deux ailes de cure placées de part et d'autre d'un bâtiment central accueillant les services communs. Les chambres de malades sont conçues pour une ouverture maximale sur l'air et l'environnement extérieur : « *L'air et la lumière doivent pénétrer le plus largement possible dans les chambres ; c'est pourquoi, dans toutes les pièces, le mur sud est composé dans toute sa largeur d'un*

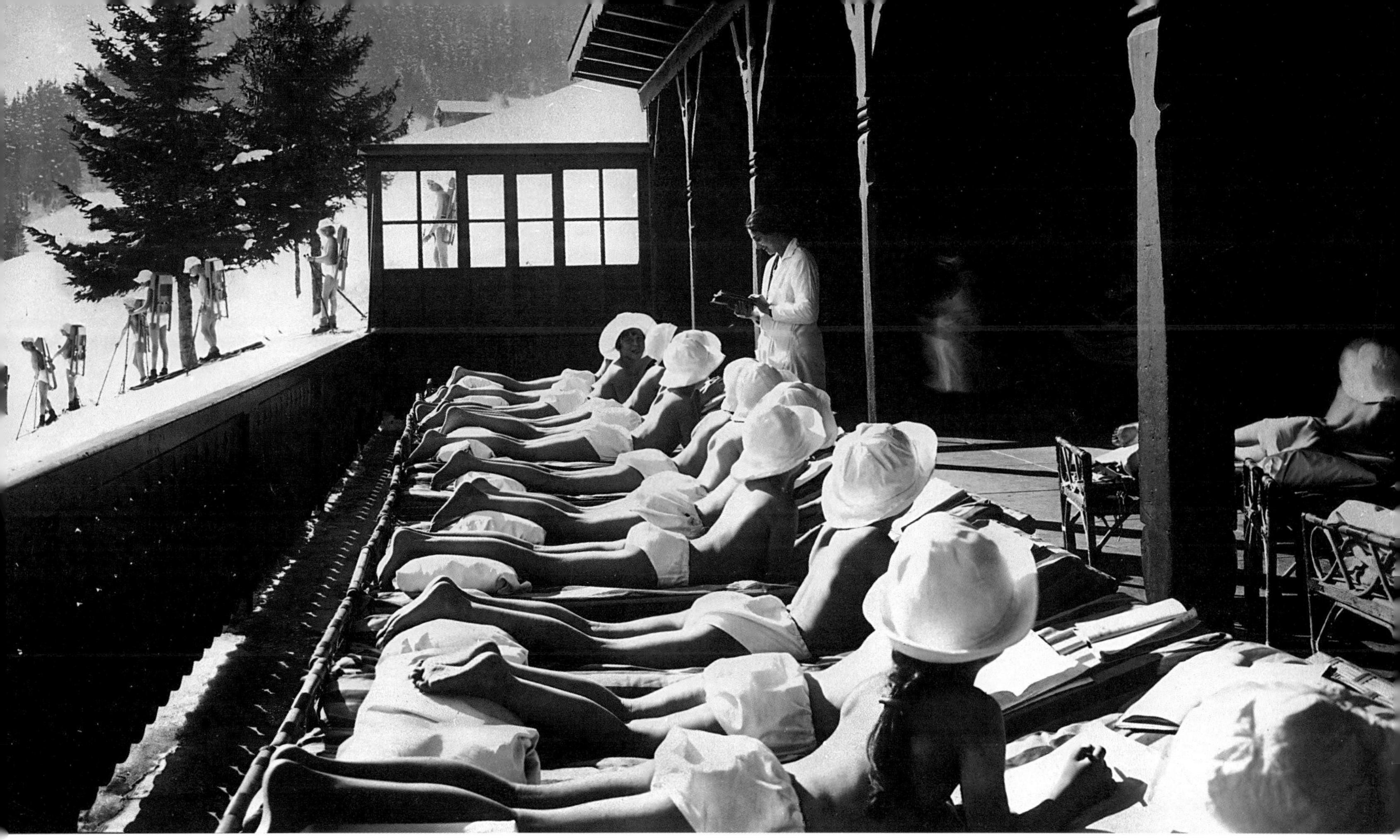

Dans sa clinique de Leysin, le docteur Auguste Rollier développe à partir de 1903 l'héliothérapie pour les enfants atteints de tuberculose. Au programme de ces jeunes écoliers : leçon et cure de soleil donc.
Source : akg-images.

assemblage de "panneaux vitrés amovibles" : ils peuvent être entièrement escamotés dans les pièces du rez-de-chaussée en descendant verticalement jusqu'au sous-sol le long d'étroits rails métalliques [...], et dans les chambres des étages en se repliant les uns sur les autres latéralement », explique le docteur Turban dans ses travaux sur la tuberculose publiés en 1909.

Ce projet marque un tournant : jusqu'à la fin du XIXe siècle le lieu privilégié de la cure est la galerie, extérieure à la chambre du malade ; à partir du début du XXe siècle, la façade sud des bâtiments de cure acquiert un rôle actif dans le traitement, exposant les malades dans leur chambre ou dans des galeries de cure aux bienfaits du climat, en même temps qu'elle les protège de ces excès : c'est la *natura medicatrix* filtrée par la façade sud des bâtiments que l'on peut mobiliser pour traiter cette « maladie de l'élément aérien » qu'est la tuberculose.

PAQUEBOTS DES CIMES

Avec leurs projets de sanatoriums pour le Plateau-d'Assy (Haute-Savoie), les architectes Henry Jacques Le Même et Pol Abraham sont dans les années 1930 les champions de l'avant-garde dans le domaine de la santé. Leur premier projet remarqué est celui pour le luxueux sanatorium de Plaine-Joux (non réalisé), élaboré en 1928 pour la société des Villages climatériques de haute altitude. À partir d'une esquisse de chambres individuelles orientées à 45°, donnant accès directement à des balcons de cure circulaires ne portant pas d'ombre à l'intérieur, ils élaborent un audacieux projet qui fait sensation au Salon des artistes décorateurs de Paris en 1929. Le médecin américain Alexandre Bruno, commanditaire du projet, après avoir hésité entre le « style savoyard » et un style « plus rustique, genre anglo-normand », se rallie au « style moderne » proposé par les architectes, qui poursuivront dans cette voie avec les sanatoriums du Roc-des-Fiz (1930, détruit), Guébriant (1932) et Martel-de-Janville (1935).

Ces projets illustrent la contrainte qui conduit, en montagne, à construire des bâtiments à la fois plus compacts qu'en plaine, ce qui réduit les déperditions thermiques, et plus élancés afin de limiter terrassements et soutènements. Ces fiers bâtiments dépassant les frondaisons alpines donneront corps au mythe moderne du paquebot des cimes amarré dans une forêt de sapins, et conféreront aux stations climatiques de Hauteville-Lompnes (Ain), du Plateau-d'Assy, de Briançon (Hautes-Alpes) ou de Saint-Hilaire-du-Touvet (Isère) l'apparence de cités sanitaires surgies *ex nihilo* des montagnes.

La cité sanatoriale de Sondalo (Lombardie) en est l'exemple le plus abouti : construite de toutes pièces entre 1932 et 1940 à 1000 mètres d'altitude, elle comprend une dizaine de pavillons de cure comptant jusqu'à huit niveaux. Bâtie sur un flanc abrupt de la montagne, la cité forme une unité urbaine compacte de plusieurs centaines de lits disposant de tous les services et équipements nécessaires à un fonctionnement en complète autarcie.

IDÉAL ASEPTIQUE ET VIE CLAUSTRALE

« Le phtisique abandonnera ses affaires et s'en ira hors de la ville. Il choisira [...] un plateau bien nu, bien stérile, froid, balayé par les vents, ensoleillé, le vent et le soleil étant d'excellents désinfectants » d'après les conseils de Paul Jacoby (*Phtisie et altitudes*, 1888).

L'entrée au sanatorium exigeait du malade une transformation physique et psychique, ainsi que la stricte application du règlement intérieur et du programme thérapeutique prescrit. L'hospitalisation relevait ainsi d'une ascèse que les médecins enveloppent volontiers de métaphores morales et religieuses. L'architecture elle-même génère au contact de l'air et de la lumière la parfaite « asepticité » des lieux (selon le terme employé par le médecin Léopold Bernheim), garante du « rendement thérapeutique » de la cure. Le recours aux matériaux et aux techniques de construction modernes facilite leur pénétration dans toutes les parties du bâtiment et diffuse l'image d'une architecture de la santé dont l'héliotropisme est l'un des marqueurs. Si dans les sanatoriums pour tuberculeux pulmonaires le soleil ne servait qu'à assurer la désinfection quasi automatique de tous les espaces de cure, il acquiert un rôle thérapeutique actif dans les établissements pour tuberculeux osseux et articulaires, à Leysin et à Briançon notamment. Le solarium tournant construit en 1929 à Aix-les-Bains est une démonstration machiniste de cette quête solaire : placés au sommet d'un bâtiment rotatif capable de suivre la course du soleil, les malades recevaient le rayonnement concentré et filtré au moyen de capteurs.

LE SOUFFLE COUPÉ DE L'ARCHITECTURE ANTITUBERCULEUSE

L'arrivée des traitements à base d'antibiotiques au milieu des années 1940 ne modifiera que lentement les conditions de prise en charge des tuberculeux dans les sanatoriums, et il faudra attendre l'arrivée de nouvelles molécules au début des années 1960 (éthambutol en 1961, rifampicine en 1964) pour que s'amorce la décroissance de la morbidité tuberculeuse. La durée des cures fut réduite de plusieurs mois à quelques semaines, et à la fin des années 1960 les établissements se vidèrent, obligeant les sanatoriums de cure à se réinventer. En France, les établissements conventionnés furent autorisés en 1968 à accueillir des malades atteints d'autres pathologies, mettant un terme à un siècle de spécificité du traitement de la tuberculose et ouvrant la voie à la reconversion massive des anciens sanatoriums, mais aussi, souvent, à leur démolition. ■

Galerie de cure d'un pavillon de la gigantesque cité sanatoriale de Sondalo en Valteline en 2019. Positionnés contre les fenêtres des chambres (protection contre le froid nocturne), au plafond des cures (apport solaire en mi-saison et en hiver) ou à l'avant des galeries (protection solaire estivale), les volets roulants sont le premier rouage de la façade thérapeutique active de ce sanatorium. Un musée raconte son histoire de 1946 à 1973, avant qu'il ne soit transformé en hôpital (museodeisanatori.com).
Photo : Lorenzo Paolo Rosa.

Ci-contre : Projet de sanatorium à Plaine-Joux, H. J. Le Même et P. Abraham architectes, 1928, publié dans *La Construction moderne* (1929, n° 2). Un luxueux paquebot ancré dans un imaginaire alpestre.

À lire

- *L'Alpe n°27*, « Au bon air de la montagne », Glénat – Musée dauphinois, 2005.
- Philippe Grandvoinnet, *Architecture thérapeutique : histoire des sanatoriums en France (1900-1945)*, Métis Presses, 2014.
- Davide del Curto, Roberto Dini, Giacomo Menini (dir.), *Alpi. Architettura. Patrimonio, progetto, sviluppo locale*, Mimesis, 2016.

LES PALACES MEURENT AUSSI

Quand on évoque les palaces alpins, aussitôt surgissent à l'esprit ceux de la Riviera vaudoise et des grands lacs italiens. Ils ne sont pas les seuls, loin s'en faut. À l'aube du XXe siècle, la ville de Bulle en Gruyère se vit elle aussi dotée d'un *Grand Hôtel moderne*, synonyme de faste et d'innovation. Mais ce rêve s'évanouit rapidement…

En 1906, une entreprise ambitieuse voit le jour en Gruyère : la construction d'un établissement de luxe à Bulle, le *Grand Hôtel moderne*. Conçu par les architectes du Lausanne Palace, Georges Chessex et Charles-François Chamorel-Garnier, cet hôtel incarne tout un faisceau d'utopies liées au développement des Préalpes suisses au début du xxe siècle : modernité, tourisme, cosmopolitisme, technologie. Le développement du chemin de fer depuis Lausanne et Montreux, deux points de chute pour les voyageurs anglais, stimule l'imagination des promoteurs locaux. Le public anglo-saxon n'est-il pas en train d'affluer à Château-d'Œx et à Montbarry, à quelques kilomètres de Bulle ? Cela les encourage à passer à l'action.

Il faut dire que le tourisme anglais est déjà bien installé en Suisse. Lausanne héberge dès le xviie siècle une importante communauté britannique. En 1761, la traduction en anglais de *Julie ou la nouvelle Héloïse* de Rousseau accroît la renommée de la Suisse et des Alpes. Le fameux guide de voyage Murray – le *Handbook for Travellers in Switzerland* de John Murray plus précisément qui remonte à 1838 – propose itinéraires et hébergements.

Le premier tour de Suisse organisé par l'agence britannique Thomas Cook a lieu en 1863, la jeune Jemima Morrell le relate dans son *Voyage dans les Alpes*. Montreux et Château-d'Œx, destinations de choix proches de la Gruyère, connaissent un essor touristique considérable dans la seconde moitié du xixe siècle. Le gigantesque *Caux Palace* est inauguré en 1902, le *Montreux Palace* en 1906.

Le train joue un rôle essentiel dans ce développement touristique. La ligne ferroviaire Montreux – Oberland bernois (MOB) est exploitée dès 1904. Elle fait étape à la gare de Montbovon, reliée à la ville de Bulle par les Chemins de fer électriques de la Gruyère le 20 septembre 1904. À une échelle modeste, la Gruyère vit elle aussi l'euphorie touristique de la Belle Époque, à l'image du *Grand Hôtel & Kurhaus* du Moléson et bains de Montbarry qui accueille dès son ouverture une foule de curistes attirés par les vertus thermales et climatiques du site.

INVESTIR DANS L'HÔTELLERIE

Bulle doit son *Grand Hôtel* à un ferblantier de la ville, originaire de Moisling (près de Lübeck) et membre de la Société fribourgeoise des ingénieurs et architectes : un dénommé Henri Finks. En 1902, il en commande les plans à des architectes renommés : les Lausannois Georges Chessex (1868-1932) et Charles-François Chamorel-Garnier (1868-1934). Formés à Zürich et Paris, ils sont les signataires de nombreux ouvrages, de la fabrique de chocolat de Broc (1897-1920) au *Lausanne Palace* (1912-1915). Treize bâtiments seront construits en Gruyère entre 1898 et 1906, dont deux immeubles de rapport voisins du *Grand Hôtel moderne*.

L'AUTEUR
CHRISTOPHE MAURON
Conservateur au Musée gruérien de Bulle depuis 2002. Il a consacré de nombreuses expositions et publications à la migration, l'histoire culturelle régionale, les arts visuels et la photographie. Ses thèmes de prédilection sont les images et l'imaginaire, les transitions culturelles et les histoires connectées.

Bulle a aussi eu son *Grand Hôtel* qui voulait incarner modernité, innovation, tourisme et cosmopolitisme. Photo de 1907.
Photo : Charles Morel. Collection Musée gruérien.

En contact étroit avec une clientèle d'entrepreneurs, de commerçants et d'industriels, les architectes participent pleinement au développement de l'immobilier à Bulle. Comme l'indique une annonce parue dans le journal régional *La Gruyère* le 7 juin 1902, « *MM. Chessex & Chamorel-Garnier, architectes des usines de Broc, ont ouvert un bureau rue de Gruyères, à Bulle, maison Morel père* ».

La construction du bâtiment dure deux ans, jusqu'à son ouverture le 4 février 1906. Le *Grand Hôtel moderne* comprend alors un café-brasserie, un jeu de quilles et un billard, de vastes salons, 45 chambres équipées de 65 lits et une grande salle de bal avec galeries. D'une conception innovante, l'établissement est un des premiers de la région avec une structure composée de béton et de métal. Son architecture éclectique emprunte à la fois à l'Art nouveau et au régionalisme.

Le « public cible » du *Moderne* est, selon l'historien Aloys Lauper, « *la clientèle huppée pour qui l'on invente dans les années 1880 le grand hôtel et le palace* ». Celle-ci a des attentes élevées en matière d'hébergement : « *Les lieux qu'elle fréquente doivent flatter son goût de l'ostentation et favoriser le jeu subtil et codifié des fréquentations, avec leurs espaces de représentation, leurs salons réservés et leurs lieux dérobés.* »

LA FAILLITE D'UNE IDÉE

Mais la chance ne sourit pas toujours aux audacieux. La grande bourgeoisie européenne, anglaise en particulier, ignore superbement Bulle et son *Grand Hôtel*. L'établissement fait faillite un peu plus d'une année après son inauguration, à la fin 1907. Le promoteur, Henri Finks, qui avait investi toute sa fortune dans l'aventure, est ruiné. Quant à Jean Gippa, l'entrepreneur en charge des

travaux, il connaît le même sort quelques années plus tard. Des articles paraissent dans la presse helvétique pour attirer l'attention de nouveaux investisseurs. *« L'industrie hôtelière se développe de jour en jour davantage dans notre pays. On nous informe qu'une société anonyme se constitue au capital de 155 000 francs pour l'achat et l'exploitation de l'*Hôtel moderne *à Bulle. Cet hôtel, bien situé, neuf, installé avec tout le confort moderne, est très apprécié des voyageurs, touristes et étrangers, chaque année plus nombreux dans la Gruyère »*, affirme *La Suisse libérale* dans son numéro du 11 juin 1907. *« Tous ces locaux peuvent rivaliser, pour le confort, avec les hôtels les plus renommés de la Suisse »*, renchérit une annonce de mise en vente publique parue dans le journal *La Liberté* le 23 novembre 1907. Le bâtiment est finalement racheté par la Banque de l'État de Fribourg qui y installe son agence bulloise et maintient l'exploitation de l'hôtel

Motif floral Art nouveau, plafond de la salle de bal du *Grand Hôtel moderne*.
Collection Musée gruérien.

Monsieur Markwalder, employé du *Grand Hôtel moderne* de Bulle. Portrait en studio pris en 1923.
Photo : Glasson. Collection Musée gruérien.

MÉTAMORPHOSES

Racheté par la commune de Bulle en 1921, le *Grand Hôtel moderne* héberge à partir de 1923 une nouvelle utopie : le rêve de l'écrivain Victor Tissot qui lègue toute sa fortune à la ville de Bulle pour créer le Musée gruérien et sa bibliothèque. Le bâtiment incarne alors une autre facette de la modernité : un projet culturel régionaliste, centré autour de la Gruyère traditionnelle, qui est défendu par le premier conservateur de l'institution, le Genevois Henri Naef. L'apparence extérieure du bâtiment est drastiquement simplifiée en 1933. Après le déménagement du musée en 1978, le *Grand Hôtel moderne* est sauvé de la démolition par un groupe d'habitants de la ville motivés par la défense du patrimoine. Entièrement rénové en 2013-2014, il comprend aujourd'hui une brasserie, des appartements et des boutiques ; la grande salle de bal est occupée par des bureaux.

La salle de bal de l'ancien *Grand Hôtel moderne* en 2010.
Collection Musée gruérien.

pendant quelques années. La grande salle sera utilisée comme cinéma dans les années 1910.

ANATOMIE D'UN ÉCHEC

Comment expliquer cet échec retentissant ? Henri Finks avait pourtant un certain nombre de cartes dans son jeu : des architectes de prestige, un environnement pittoresque, une petite ville en plein essor, des transports qui rapprochent la Gruyère des hauts lieux du tourisme en Suisse…

Les raisons immédiates semblent assez claires : un optimisme excessif des investisseurs et un manque patent de ressources pour exploiter durablement un tel établissement. L'historienne Vanessa Diener pointe également un désintérêt marqué des habitants, de la presse et des autorités : « *Construit dans l'indifférence de la population bulloise,* [l'établissement est] *mal reçu en raison de son style jugé prétentieux et inadapté à l'architecture locale.* »

D'autres circonstances ont pu jouer en sa défaveur. La petite ville commerçante de Bulle, peu accessible par la route, se trouve en bout de ligne ferroviaire. L'offre de loisirs est inexistante dans la cité, qui compte moins de 4 000 habitants. Du point de vue économique, le modèle de développement du canton de Fribourg est alors fondé sur l'agriculture et la transformation des matières premières, et non sur les services.

La religion et la culture sont des éléments à ne pas négliger : contrairement à Lucerne et au Valais, Fribourg, canton catholique enclavé en terres protestantes, se méfie de l'« industrie des étrangers ». De toute évidence, il a aussi manqué à Bulle et la Gruyère un ambassadeur ou une ambassadrice capable d'attirer l'attention du public, comme Arthur Conan Doyle pour l'Oberland bernois ou Lord Byron pour la Riviera lémanique. ■

À lire

- Vanessa Diener, « Deux architectes du Lausanne Belle-Époque, Chessex et Chamorel-Garnier », *Lausanne. Banques, bureaux et commerces*, Société d'histoire de l'art en Suisse, 2021.
- Aloys Lauper, « L'architecture hôtelière de la Belle Époque », *Le Tourisme*, Cahiers du Musée gruérien nº 3, 2001.

L'IMAGINATION AU POUVOIR

Au début des Trente Glorieuses, les premières prévisions démographiques annoncent une explosion urbaine à l'horizon de l'an 2000. Ce pronostic agit comme un stimulus sur les architectes qui s'interrogent sur la ville et l'habitat de l'avenir, et cherchent des solutions alternatives aux grands ensembles de logements qui font déjà l'objet de critiques nourries. Jean-Louis Rey, dit Chanéac, est de ceux qui souhaitent redonner une place centrale aux individus dans la fabrication de leur cadre de vie.

VERS UNE « ARCHITECTURE INDUSTRIALISÉE POÉTISÉE »

Le début de la carrière de Chanéac (1931-1993) est marqué par la production d'une architecture de papier particulièrement foisonnante (conservée pour partie au Frac Centre-Val de Loire) et par sa participation au Groupe international d'architecture prospective, emmené par le critique Michel Ragon. Dès 1958, il se lance dans une « *recherche impatiente* ». Il étudie les « cellules polyvalentes », des habitations légères et modulables fabriquées en usine, d'abord en bois puis en plastique moulé. Les nouvelles possibilités offertes par l'industrialisation ouverte* l'intéressent en ce qu'elles permettent de produire à très bas coût une infinité de combinaisons à partir d'éléments de construction préfabriqués : le modèle n'est plus unique, les solutions sont multiples et adaptées aux habitants. Il appelle de ses vœux une « *architecture industrialisée poétisée* », mise en œuvre par des « *ouvriers-poètes* » chargés de créer des variations dans le système pour augmenter encore les possibilités de personnalisation de ces habitations. L'unité minimale et organique de la cellule devient dès lors un élément structurant de sa réflexion. Chanéac produit une quantité considérable d'esquisses et de dessins : de ce travail d'épuisement surgissent des cellules-amphores, cellules-ventouses, cellules-parasites, cellules-cougourdes, cellules-poissons, etc. Puisant dans ce répertoire de formes, Chanéac déploie son imaginaire fertile, de l'échelle de l'édifice à celle du territoire.

D'AIXILA À LA VILLE CRATÈRE

De 1963 à 1968, Chanéac imagine Aixila, un projet d'extension de la ville d'Aix-les-Bains, où il vit et travaille, sur le lac du Bourget et ses rives. Une partie terrestre, composée de grandes structures pyramidales sculpturales qui évoquent celles de La Grande-Motte, borde l'eau. Une partie flottante est composée de cellules d'habitations individuelles modulables, en plastique, qui animent la surface du lac. L'architecte explore toutes les potentialités de cette surface vierge qui lui permet de penser le futur sans faire table rase de la ville existante. Avec le projet d'Aixila, Chanéac transforme son territoire quotidien en véritable paradis artificiel.

Chanéac dans son atelier, entouré de ses maquettes de recherche, 1967.
Archives privées Nelly Chanéac.

* INDUSTRIALISATION OUVERTE : elle succède à l'industrialisation lourde du bâtiment, caractéristique de la période de la Reconstruction, souvent décriée pour la monotonie qu'elle a pu engendrer. Au contraire, l'industrialisation ouverte mobilise des éléments préfabriqués et industrialisés légers dont la combinaison doit permettre de produire des configurations spatiales riches et variées.

L'AUTEURE
MÉLINA RAMONDENC
est diplômée en architecture, doctorante au sein du laboratoire MHA de l'École nationale supérieure de Grenoble. Son travail de recherche doctorale, initié par le CAUE de Haute-Savoie, porte sur les travaux des architectes Claude Costy, Pascal Hausermann et Jean-Louis Chanéac sur le territoire des Alpes du Nord.

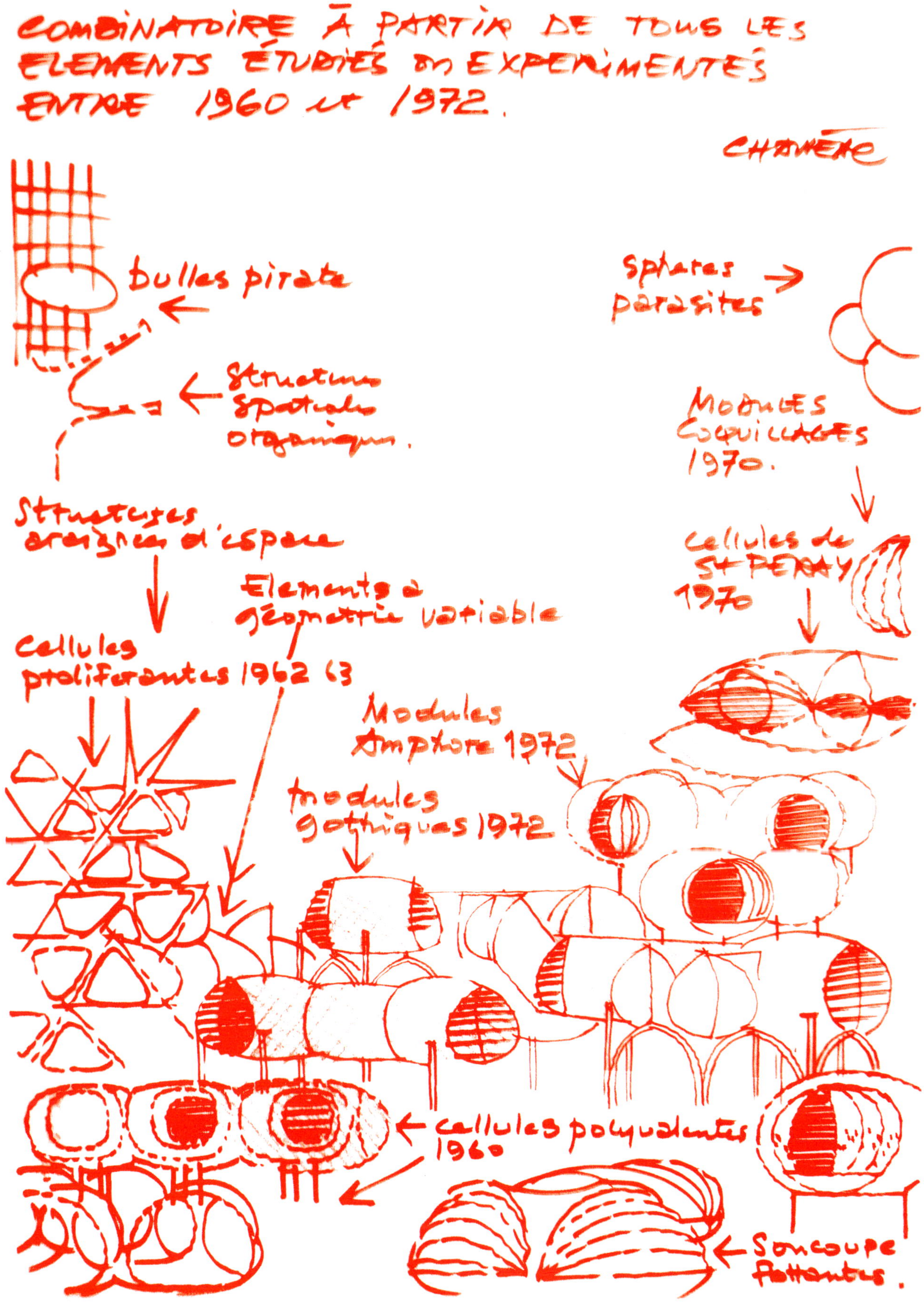

Répertoire des formes construites imaginées par Chanéac entre 1960 et 1972, dessin sans date (*circa* 1972).

Département de la Savoie, Archives départementales, fonds Chanéac 35J.

En parallèle, il développe un autre projet intitulé « la Ville cratère ». Il s'extrait alors de tout contexte familier pour généraliser les principes de son modèle urbain. En privant son projet de lieu, il en fait une *u-topie* – au sens étymologique du terme – et lui donne une portée universelle.
La *Ville cratère* est composée de six éléments : un « *plateau artificiel* » creusé de « *cratères résidentiels* » et de « *canyons de circulation* », qui délimitent des « *collines artificielles* », rehaussées au gré des besoins par des « *superstructures* » dans lesquelles viennent se loger des cellules d'habitation. Au centre des cratères, les vestiges de la ville ancienne ou des éléments de nature sont préservés. Chanéac laisse aussi la possibilité aux habitants de s'approprier le modèle qu'il leur propose : il imagine des « *cellules parasites* » qu'ils pourront installer sur les pentes des cratères au gré de leurs besoins. Son projet sera primé lors des Rencontres internationales d'urbanisme et

Vue de l'extension flottante d'Aix-Les-Bains, Aixila, imaginée par Chanéac entre 1963 et 1966. Dessin sans date.
Archives privées Nelly Chanéac.

d'architecture de Cannes de 1969, par un jury composé notamment de Jean Prouvé, Louis Kahn et Bruno Zevi.

POUR UNE ARCHITECTURE INSURRECTIONNELLE

L'idée de « parasitage » trouve sa pleine expression au début du printemps 1968. Quelques jours avant le début de l'insurrection du mois de mai, Chanéac rédige un *Manifeste pour l'architecture insurrectionnelle*, qui se conclut ainsi : *« Contre les entraves administratives, contre la masse réactionnaire des professionnels du bâtiment, je propose la stratégie suivante : la création d'une architecture insurrectionnelle. Lorsque je contemple un grand ensemble, j'ai envie de donner à ses habitants les moyens de réaliser leurs rêves et leurs besoins du moment en mettant à leur disposition ou en leur donnant les moyens techniques pour réaliser clandestinement des cellules*

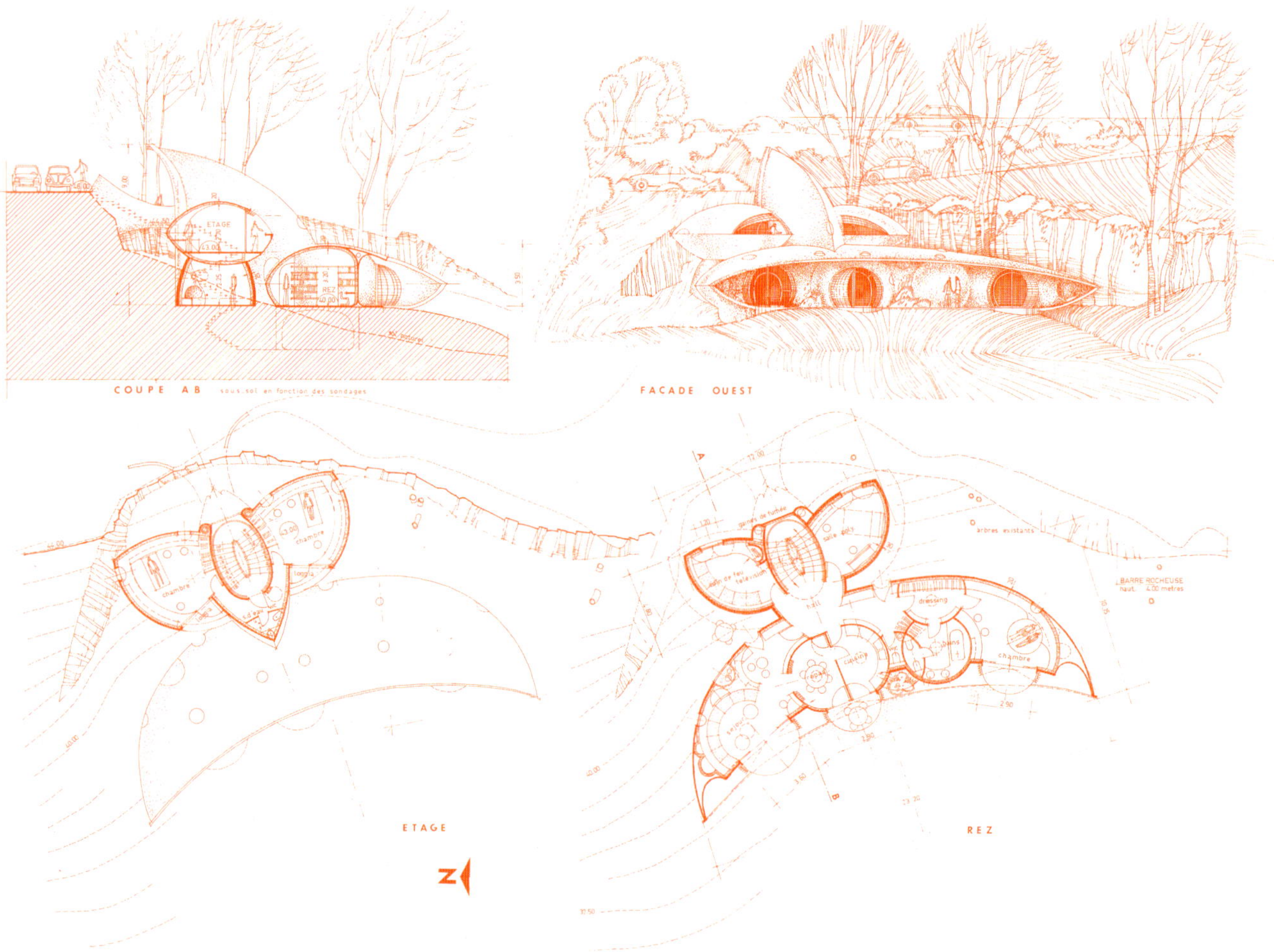

parasites. Ils pourraient agrandir leurs appartements à l'aide de cellules ventouses fixées sur les façades. Les enfants pourraient recréer l'univers poétique des greniers d'autrefois en implantant des cellules sur les terrasses des immeubles. Des chambres d'amis apparaîtraient sur les pelouses. On assisterait à l'explosion d'une architecture insurrectionnelle. » Le manifeste connaît un succès important.

Deux ans plus tard, le Suisse Marcel Lachat a l'occasion de mettre en application les préceptes de Chanéac, qu'il fréquente régulièrement par le biais du couple d'architectes franco-suisses Pascal Häusermann et Claude Costy. L'épouse de Marcel Lachat est enceinte et leur logement social ne comporte pas de chambre pour l'enfant à naître. Or, leurs demandes de relogement n'aboutissent pas. Marcel Lachat décide de fabriquer une « bulle-pirate » pour donner une chambre à sa fille. Il utilise comme moule un ballon météorologique de 2,3 mètres de diamètre sur lequel est directement appliquée une résine polyester armée de fibre de verre. Une fois la bulle prête, Marcel Lachat et quelques complices l'installent au soir du 12 décembre 1970, alors que se déroule la fête de l'Escalade de Genève, mobilisant les forces de l'ordre. L'image fera le tour du monde. Marcel Lachat, obligé de décrocher sa bulle et de payer une amende, obtiendra finalement un appartement plus grand. L'épisode vaudra à Chanéac, son inspirateur, d'être qualifié d'« *architecte mini-utopiste* » par l'historien André Corboz.

PROSPECTIVE ET/OU UTOPIE ?

La frontière est poreuse entre les territoires de l'utopie et ceux de la prospective. Ainsi que le résume Michel Ragon : « *La différence entre utopie et prospective, c'est que l'utopie situe son devenir dans l'imaginaire, alors que la prospective donne des lieux et des dates. L'utopie est poétique,*

Maison familiale de l'architecte, conçue et réalisée entre 1974 et 1976, sur les hauteurs d'Aix-les-Bains. L'édifice est classé au titre des Monuments historiques depuis 2017.

Photo : Pascal Chanéac. Archives privées Nelly Chanéac. Plans, façades et coupe : Archives municipales d'Aix-les-Bains.

la prospective, scientifique. Ou du moins la prospective se veut scientifique, alors que la dose de fantaisie qu'elle contient est peut-être en fait son meilleur atout. » Mais bientôt, l'époque ne sera plus à l'utopie. Avant que la parenthèse prospective ne se referme, à la fin des années 1970, Chanéac réalise sa maison familiale sur les hauteurs d'Aix-les-Bains. Contre la barre rocheuse qui brise la pente du terrain, il adosse une double coque de laquelle émergent trois sphères parfaites. Posées sur la cosse, deux autres cellules sont desservies par un escalier sculptural, seule résurgence de la maison visible depuis la rue, passage symbolique vers l'univers onirique de l'architecte. Cette réalisation marque pour Chanéac un point de non-retour vers une « *architecture interdite* », et la fin de l'utopie prospective. ■

À lire

- Dominique Amouroux et Jean-Louis Chanéac, *Architecture interdite*, éditions du Linteau, 2005.
- Dominique Amouroux et Mélina Ramondenc, *Jean-Louis Chanéac, formes rêvées, formes concrètes*, éditions du CAUE de Haute-Savoie, 2020.
- Bénédicte Chaljub, « Jean-Louis Chanéac, de la prospective au régionalisme », *Le Moniteur*, nº 218, 2012.

PORTFOLIO

PORTRAITS DE CHALETS

Des chalets encore et encore ! Le photographe allemand Patrick Lambertz s'est emparé de ce stéréotype de l'architecture suisse pour en faire un inventaire à sa manière. Son travail s'inscrit dans la lignée de celui de Bernd et Hilla Becher qui dressaient dans les années 1950 des typologies de réservoirs à gaz, de silos à charbon ou de maisons à colombages. Du blanc de la neige comme du blanc du papier, « ses » chalets surgissent avec une rare présence.

L'apparition du « chalet suisse » type est étroitement liée au courant du romantisme. C'est seulement au XVIIIe siècle que s'éveillent la fascination pour les Alpes et l'envie d'escalader leurs montagnes abruptes. Les premiers voyageurs sont anglais pour la plupart. Ils s'enthousiasment devant la beauté de l'architecture alpine de l'Oberland bernois et du canton de Vaud voisin et en livrent croquis et dessins. Favorisée par la mécanisation du travail du bois, la construction de chalets connaît un véritable boom. Y compris à l'export. Habitations, abris de jardin, kiosques comme grands hôtels sont préfabriqués par centaines en Suisse avant d'être acheminés dans des caisses en bois dans toute l'Europe et outre-mer. Le terme même de « chalet » trouve ses origines en Suisse romande ; sa première mention remonte à 1328. Son acception est d'abord limitée à celle d'abri d'alpage et désigne donc une construction sommaire. Ce n'est que quatre cents ans plus tard que son usage se généralise dans les territoires francophones. À partir du XVIIIe siècle, le vocable est utilisé pour les constructions pittoresques en rondins de l'Oberland bernois. Que Patrick Lambertz désigne les vieilles maisons qu'il portraitise comme des « chalets » peut surprendre à première vue. Il se réfère en fait à l'étymologie du terme, qui dérive du latin *cala*, soit un « lieu pour s'abriter ». Et d'abris ces maisons en ont bien servi ou servent encore. Plusieurs de ces bâtiments semblent cependant voués à la destruction. Patrick Lambertz a d'ailleurs reçu d'une femme une photo sur laquelle elle embrasse une maison de sa série. À côté d'elle, la pelleteuse prête à la raser. Ils avaient été jusqu'à douze à vivre dans cette maison de 80 mètres carrés.

Il importe à Patrick Lambertz de célébrer l'essence même de ces maisons, leur âme, leur personnalité, et d'éliminer tout arrière-plan gênant. Enfin pas complètement. Ici, il reste une barrière, là des fils électriques ou un pylône, parfois le photographe laisse avec une pointe d'ironie un lampadaire, un silo ou une enseigne d'auberge. Toutes les prises de vue sont faites en hiver, avec un sol enneigé, par un temps maussade, sans rayon de soleil pour éviter tout jeu d'ombres portées.

Chaque fois que Patrick Lambertz repère un objet photographique qui le touche émotionnellement et le convainc esthétiquement, il prend une première photo et relève sa localisation. Dès que les conditions météo lui conviennent, il revient pour faire l'image qu'il a en tête. Espérons qu'il poursuive cette impressionnante série, voire qu'il l'étende au-delà des frontières suisses. ■

À lire

- *Chalets of Switzerland*, photographies de Patrick Lambertz, textes de Edwin Huwyler, Monika Twerenbold, Daniel Blochwitz, Hartmann Books, 2022.

Chalet #32 | **Wangen, canton de Schwytz** | 2021.

Toutes les photos sont tirées de la série *Chalets of Switzerland* du photographe allemand, Patrick Lambertz, qui réside en Suisse. Son site : patricklambertz.com.

Traduit de l'allemand par Sophie Boizard.

L'AUTEUR
EDWIN HUWYLER
Ethnologue et sociologue de formation, spécialiste de l'architecture rurale suisse, il a dirigé pendant plus de vingt ans le Musée suisse en plein air de Ballenberg (ballenberg.ch).

Pongratz

Chalet #14 | **Tuggen, canton de Schwytz** | 2017.

Page de droite, de gauche à droite et de haut en bas :
Chalet #5 | **Galgenen, canton de Schwytz** | 2017.
Chalet #21 | **Willerzell, canton de Schwytz** | 2017.
Chalet #31 | **Altendorf, canton de Schwytz** | 2017.
Chalet #27 | **Rothenthurm, canton de Schwytz** | 2018.
Chalet #34 | **Weissbad, canton d'Appenzell Rhodes-Intérieures** | 2020.
Chalet #35 | **Wiggen, canton de Lucerne** | 2022.
Chalet #30 | **Wangen, canton de Schwytz** | 2018.
Chalet #22 | **Altendorf, canton de Schwytz** | 2017.

Chalet #24 | **Seewen, canton de Schwytz** | 2017.

Chalet #36 | **Marbach, canton de Lucerne** | 2022.

Double page suivante :
Chalet #13 | **Tuggen, canton de Schwytz** | 2017.

ABÉCÉDAIRE

LE « RÊVE BLANC » ET SES MODES ARCHITECTURALES

Style « pastiche », régionalisme, modernisme... Ce tour d'horizon des modes architecturales dans les stations de ski a été réalisé par Marie Wozniak, architecte urbaniste de l'État, docteure en sciences des territoires.

Le chalet Lang à Courchevel a eu une histoire mouvementée. Protégé au titre des Monuments historiques, il sera démonté et vendu aux enchères, avant d'être racheté par le ministère de la Culture.
Département de la Savoie, archives départementales, fonds AAM, 6J100.

A

ATELIER D'ARCHITECTURE EN MONTAGNE ▲

L'Atelier d'architecture en montagne (AAM) naît à Courchevel de la rencontre en 1946 de Laurent Chappis et Denys Pradelle. On leur doit des stations de ski parmi les plus emblématiques de l'épopée de l'or blanc. Ces architectes pratiquent la montagne et développent une pensée systémique qui allie tourisme et protection (Denys Pradelle sera l'un des créateurs du parc national de la Vanoise). Soucieux de s'insérer dans le site (climat, vue, pente), ils inventent à Courchevel un modèle d'aménagement et une architecture nouvelle dédiée au ski. Le dessin et l'équipement des pistes déterminent le plan de la station. Le centre, la « grenouillère », est situé à la convergence des pistes. Tout est prévu pour pouvoir circuler « skis aux pieds ». La construction dans la pente permet à chaque niveau d'être de plain-pied. Les toits des chalets à un pan et de faible inclinaison permettent d'utiliser l'ensemble du volume bâti. Leur façade la plus grande, largement percée, est orientée sud. Toiture ventilée, porte-neige, vitrages isolants, etc. : toutes les innovations techniques concourent à la recherche d'un nouveau mode d'habiter. ▼

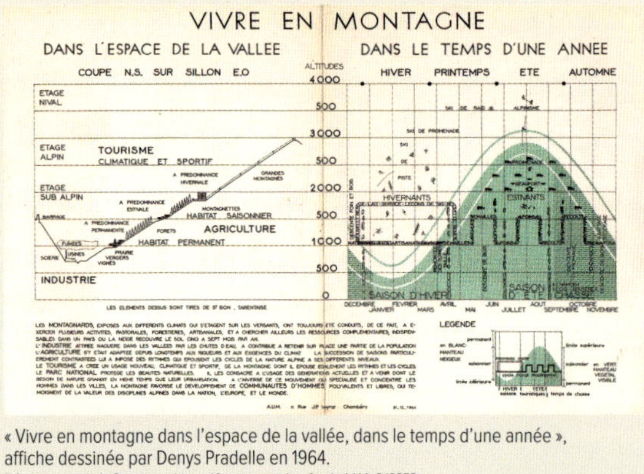

« Vivre en montagne dans l'espace de la vallée, dans le temps d'une année », affiche dessinée par Denys Pradelle en 1964.
Département de la Savoie, archives départementales, fonds AAM, 6J2372.

B

BELLEVILLE (VALLÉE DES) : UN CONCOURS, DES PROJETS

La vallée des Belleville fait l'objet en 1962 d'un grand concours pour la création d'une station de sports d'hiver. De nombreuses équipes d'architectes candidatent, dont certaines de renommée internationale, comme celle de Georges Candilis, Alexis Josic, Shadrach Woods, Jean Prouvé et Charlotte Perriand qui obtient la mention spéciale hors concours. Cet appel à projets est l'occasion de donner forme à des utopies pour l'aménagement de la montagne pour le ski.

C

CHAPPIS (LAURENT) : « L'ANARCHITECTE »

Architecte et urbaniste, montagnard et skieur, Laurent Chappis participe, dès 1945, à la définition de nombreux projets de création de stations de ski, grâce à sa rencontre avec Maurice Michaud, ingénieur des Ponts et Chaussées, responsable de l'arrondissement de Tarentaise. À la suite de ses repérages sur le site des Trois-Vallées, Chappis élabore des projets pour la future station de Courchevel 1850, portée par le département de la Savoie, qui devient une référence pour la conception de stations *ex nihilo*. Chappis, dont le travail a rapidement acquis une renommée internationale, travaille également à l'étranger, notamment en Italie (Pila, Sestrières, Sansicario, Bielmonte). ▼

Courchevel 1850, Le jardin alpin. Esquisse de Laurent Chappis, 1951.
Photo: Éric Dessert. Département de la Savoie, archives départementales, fonds AAM, 30J87.

D

DATAR

La DATAR, administration chargée de 1963 à 2014 de la politique nationale d'aménagement et de développement du territoire, joue un rôle majeur dans la création des stations de ski. Elle initie en 1964 le plan Neige, politique publique d'aménagement des montagnes françaises dans le but d'y encourager le tourisme hivernal de masse. Le plan Neige aboutit à la construction de 150 000 lits en montagne entre 1971 et 1975, et à la création de 23 stations *ex nihilo*. Il promeut une doctrine d'aménagement de la montagne qui consacre le modèle des stations dites « intégrées » (planifiées et réalisées par une même équipe dans un délai court comme une entité articulant équipements, logements et infrastructures). Les opérations reposent sur une forte implication d'acteurs extérieurs aux territoires concernés et marginalisent de fait les populations locales. Le discours de Vallouise, prononcé par le président Giscard d'Estaing en 1977, est considéré comme le coup d'arrêt du plan Neige.

Un matin à la Plagne 2000. Le paquebot des neiges de Michel Bezançon.
Photo : Jean Biaugeaud. Département de la Savoie, archives départementales.

ÉCLECTISME : LA PLAGNE ▲

Conçus par l'architecte Michel Bezançon, les différents satellites qui composent la Grande Plagne témoignent de références architecturales variées : de la station intégrée « standard » pour Plagne Centre, à l'unité d'habitation inspirée de Le Corbusier pour le « paquebot des neiges » de la Plagne Aime 2000 (1969-1970), jusqu'au « barrage » protégeant la grenouillère pour la Plagne Bellecôte, puis à compter du début des années 1970, la réinterprétation de l'architecture vernaculaire avec Plagne Village. L'éclectisme architectural qui caractérise La Plagne témoigne, sur un même domaine skiable, de l'évolution de l'image sociale de la montagne telle que l'architecture touristique la reflète.

FLAINE : NEIGE, ART ET ARCHITECTURE ▶

En 1959, le couple Boissonnas, riches mécènes tout juste revenus des États-Unis, découvre le site de Flaine, en Haute-Savoie. Ils font appel à Pradelle et Chappis pour concevoir une station *ex nihilo*. En 1961, l'architecte Marcel Breuer prend le relais. Formé à l'école du Bauhaus, c'est un architecte du béton. Il conçoit de grands immeubles linéaires, aux volumes simples, couverts de toits-terrasses, qui s'alignent le long de chaque replat, à l'exception de l'hôtel *Le Flaine*, qui surplombe la falaise par un grand porte-à-faux. La rigueur de l'architecture est adoucie par le jeu de lumière sur les motifs des panneaux de béton moulé des façades. Pour l'ameublement, les Boissonnas font appel à de grands noms du design, dont l'architecte Alvar Aalto. La station ouvre à Noël 1968, et son centre culturel est inauguré en 1969, épicentre du projet artistique porté par les Boissonnas : Flaine accueille en effet des œuvres d'artistes majeurs du XXe siècle (Picasso, Vasarely, Dubuffet...). ▼

Une réunion à Flaine en 1961 avec, de gauche à droite : D. Pradelle, L. Chappis, E. Boissonnas, G. Chavaz, M. Breuer, F. Berlottier.
Archives de G. Chervaz - Centre d'art de Flaine.

GONTRIE (PIERRE DE LA) : LA SAVOIE, FER DE LANCE DE L'AMÉNAGEMENT DE LA MONTAGNE POUR LE SKI

Pierre de la Gontrie présida le Conseil général de Savoie de 1945 à 1951. Élu sous la bannière du parti radical-socialiste, c'est un ancien résistant. Conseiller général du canton de La Motte-Servolex, il fut maire de Saint-Bon-Tarentaise de 1959 à 1968. C'est à son initiative, soutenue par Pierre Cot, qu'en 1945 le département de la Savoie décide d'engager la réalisation d'une station de sports d'hiver en site vierge : Courchevel. La station, dotée de nombreux logements, doit à la fois relancer le développement économique de la Savoie et offrir des loisirs à prix modestes pour rendre la montagne accessible à tous. La construction de Courchevel illustre l'émergence d'une véritable doctrine d'aménagement touristique de la montagne, avec un fort interventionnisme public.

« Le bruit rouge d'une hétérotopie » (2020) d'Alexis Berar, extrait de son ouvrage *Flainoz, petite cosmogonie montagnarde* réalisé à Flaine dans le cadre d'une résidence au centre d'Art. *« Dans cet ouvrage, je regarde, photographie et raconte l'histoire d'une montagne à travers des rapprochements formels avec les composantes essentielles du Bauhaus : les formes et les couleurs »*, explique le photographe. *« Il n'y a pas d'artifice, pas de postproduction dans ces images. Il s'agit de photographies prises en proche infrarouge [...] qui fait apparaître par un dégradé de rouge le dégagement de chlorophylle des végétaux. [...] S'impose alors sans retenue le gris du bâti en béton. »* Photo : Alexis Berar.

HOMME NOUVEAU : DES STATIONS NOUVELLES POUR UN « HOMME NOUVEAU »

Par sa capacité à agir de façon directe dans la vie, l'architecture intéresse rapidement les nouveaux pouvoirs qui émergent en Europe dans les années 1920. Les bâtiments doivent devenir des machines à transformer les modes de vie, capables de forger l'« homme nouveau » et de préfigurer la société future. Les espoirs qui portent les projets sociétaux d'après-guerre, issus notamment de la Résistance, reposent en partie sur cet « homme nouveau », idéalisé et standardisé. Le mouvement moderne, en architecture, va le considérer comme son usager archétypal.

Montricher-Albanne, Les Karellis.
Photo : Pascal Lemaitre. Fondation Facim. Département de la Savoie, archives départementales, 73173A.

INTRAWEST : BIENVENUE DANS LE GRAND DISNEYLAND ALPIN !

Intrawest est une société nord-américaine créée en 1976, spécialisée dans l'immobilier de loisirs, essentiellement en zone de montagne. Elle a créé et gère certaines des stations de montagne les plus emblématiques d'Amérique du Nord, dont Mont-Tremblant au Québec. Arrivée dans les Alpes françaises à l'orée des années 2000, elle conçoit le « néo-village » d'Arc 1950 (Tarentaise, Savoie), introduisant un « style pastiche » rapidement considéré comme le témoignage de la « disneylandisation » des Alpes. ▼

JEUX OLYMPIQUES, ALBERTVILLE, 1992 : VAL VILLAGE PAR CHANÉAC, VERS UNE ARCHITECTURE « ARCHÉO-RÉGIONALISTE »

Architecte savoyard, Jean-Louis Rey dit « Chanéac » reçoit en 1969 le Grand Prix international d'urbanisme et d'architecture. Lui est confiée, en 1992, à l'occasion des Jeux olympiques, la réalisation d'un nouveau « centre-village » pour la station de Val-d'Isère. Val Village complète le centre ancien en suggérant un village « authentique ». Par le surdimensionnement des volumes et des structures, Chanéac joue sur le « vrai-faux » : il interprète les éléments vernaculaires et affirme ainsi un « néo-régionalisme » certain. Ici néo-régionaliste, ailleurs futuriste, l'œuvre de Chanéac peut sembler déroutante, tant elle s'affranchit des questions stylistiques pour venir interroger l'histoire de l'architecture et ses clivages idéologiques. *« J'ai déclaré souhaiter ardemment faire naître une architecture régionaliste qui ne soit pas une simple reproduction, mais conforme à la tradition selon la belle formule de Paul Valéry : "La véritable tradition dans les grandes choses, c'est de retrouver l'esprit qui a fait ces choses et qui en ferait de toutes autres choses dans d'autres temps". »* (Cité dans Dominique Amouroux et Mélina Ramondenc, *Jean-Louis Chanéac, formes rêvées, formes concrètes*, CAUE de Haute-Savoie, 2020.)

LES KARELLIS : LA MONTAGNE ACCESSIBLE ▲

En 1954, Pierre et Janine Lainé créent l'association Renouveau afin de promouvoir le tourisme social. En 1971, ils s'entendent avec la commune de Montricher (Savoie) pour fonder une station qui tienne compte des besoins de chaque acteur. Guy Rey-Millet pour l'AAM conçoit une station limitée à 2 600 lits. L'architecte utilise au mieux l'exiguïté du terrain : les lieux collectifs et les commerces sont regroupés autour de la place publique ; les résidences sont construites perpendiculairement à la pente afin de limiter l'impression de hauteur. L'ensemble présente une grande cohérence du fait des volumes parallélépipédiques des bâtiments et de l'uniformité des matériaux : bois de mélèze et simili ardoise. Les artistes Vera et Pierre Székely sont associés au projet, dans l'esprit de la « synthèse des arts ».

Arc 1950, la place de l'horloge.
Photo : Florian Pépellin. commonswikimedia.org

LABRO, JACQUES : AVORIAZ, UNE ARCHITECTURE PAYSAGE

Avoriaz naît de la rencontre entre le skieur Jean Vuarnet, le promoteur Gérard Brémond et l'architecte Jacques Labro. Le plan masse de la station est dessiné en 1964 : elle sera piétonne et traversée par les pistes. Les bâtiments sont étagés dans la pente afin de privilégier l'ensoleillement et la vue. S'adaptant à la topographie comme aux souhaits des touristes, Labro dessine des « chalets » de diverses tailles. L'architecte joue sur la volumétrie, adoptant des plans polygonaux ou en éventail, multipliant les différences de niveaux, les saillies et décrochements, créant des toits aux formes complexes. Pour l'*Hôtel des Dromonts*, Labro conçoit une « façade-toiture » : composée de tavaillons, la toiture recouvre l'ensemble de la construction, ramenant les rives du toit pratiquement au pied des façades. ▼

La station d'Avoriaz.
Photo : Davis Hinton / Alamy Stock Photo / hemis.fr.

MÉRIBEL – LES ALLUES

Méribel est la fausse jumelle de Courchevel : conçue et réalisée à la même période, elle naît d'une initiative privée, celle de Peter Lindsay. Ici, pas de grand projet ni de grand acteur public. Les constructions, qui prennent la forme de « gros chalets » largement ouverts sur le soleil et le paysage, s'étagent dans la pente, au sein de vastes clairières. Si les équipes d'architectes des deux stations de Courchevel et de Méribel privilégient l'immersion, créant des ateliers *in situ*, l'architecture qu'ils conçoivent est tout à fait différente. Charlotte Perriand rejoint l'AAM pour le projet des Arcs, mais c'est bien à Méribel qu'elle construit son chalet de famille. L'architecture conçue pour Méribel conserve aujourd'hui une réelle cohérence, signe qu'elle résiste mieux à l'évolution des goûts des touristes.

NÉO-STYLE MONTAGNARD : COURCHEVEL, QUAND LE DÉCOR SUPPLANTE L'ARCHITECTURE

Conçue en 1946, Courchevel doit proposer le cadre d'une pratique du ski pour le plus grand nombre. Pradelle et Chappis inventent une architecture nouvelle dédiée au ski, résolument moderne et alpine. Dès la fin des années 1990, les hôteliers, promoteurs et élus, portés par le succès de la station, engagent une transformation profonde de son cadre : plus question d'architecture, encore moins de tourisme social, seul le décor compte. Les édifices d'origine sont détruits ou défigurés au profit de ce que certains nommeront un « néo-style montagnard syncrétique », décor kitsch censé évoquer un imaginaire universel de la montagne, au goût d'une jet-set internationalisée.

ORIL : OPÉRATIONS DE RÉNOVATION DE L'IMMOBILIER DE LOISIRS

À l'orée des années 2000, la France se dote d'outils d'intervention sur le parc immobilier de loisirs. Il s'agit, en montagne, de lutter contre les « lits froids », ces appartements occupés uniquement par leurs propriétaires quelques semaines par an. L'optimisation de l'occupation du parc locatif touristique devient un enjeu majeur, car les stations ont été fondées sur un modèle de rentabilité qui repose sur la fréquentation d'un nombre minimal de skieurs. Faute de mise sur le marché des résidences secondaires familiales, les stations doivent construire toujours plus de nouveaux lits. Les limites de territoires contraints sont vite atteintes. Se pose alors la question de la rénovation des stations, et des modalités mêmes de leur gouvernance : de quels leviers disposent réellement les élus ? Les inquiétudes après les premières interventions de rénovation dans les stations conduisent à amorcer un processus de patrimonialisation. Le dispositif ORIL, lui, poursuit sa route : il a été actualisé en 2016 dans le cadre de l'Acte II de la loi Montagne.

PERRIAND, CHARLOTTE : LES ARCS 1600 ET 1800

Les Arcs sont nés de la collaboration entre le promoteur Roger Godino, les architectes Gaston Regairaz et Guy Rey-Millet, et les frères Blanc, guides de montagne et cultivateurs issus de l'ancienne commune de Hauteville-Gondon, qui allait fusionner avec Bourg-Saint-Maurice. Dès 1967, Charlotte Perriand est associée à leurs travaux. Les architectes de l'AAM approfondissent le concept de la station intégrée, sans voiture, permettant d'accueillir un grand nombre de touristes tout en préservant les espaces naturels. Ils privilégient les grands immeubles implantés perpendiculairement à la pente, en « cascade » ou adossés au relief, pour atténuer leur impact visuel. Les logements se prolongent par des terrasses ou des balcons ouverts au soleil et sur le paysage. Soucieuse d'inventer un habitat minimum adapté à l'architecture de loisirs, Perriand conçoit le studio-cabine, inspiré à la fois du refuge de montagne et de l'habitat japonais, et offrant le maximum de commodités dans la surface la plus réduite possible. ▼

Un appartement de la résidence La Cascade aux Arcs 1600, aménagé et meublé par Charlotte Perriand en 1968-1969.
Photo : Pascal Lemaître. Source : Bridgeman Images. Adagp, Paris, 2023.

Le village de Ceillac.
Photo : M. Chavrot.
Source : Office de tourisme du Guillestrois et du Queyras.

▲ QUEYRAS, CEILLAC : SKI ET RÉNOVATION RURALE

Philippe Lamour, président de la Commission nationale d'aménagement du territoire, devient maire de Ceillac dans le Queyras en 1965. Il y développe sa vision d'une politique alternative d'aménagement de la montagne qui s'appuie sur les populations locales, afin de *« cesser d'envisager la montagne sous l'aspect exclusif d'un terrain de jeu saisonnier pour citadins en vacances »*. Il souhaite faire du développement touristique une activité complémentaire à l'agriculture et à l'artisanat afin de soutenir ce qui fait, selon lui, le propre d'une culture de montagne traditionnelle. Ceillac accueille ainsi une modeste station de sports d'hiver (2 000 lits), qui vient compléter le village existant. Promoteur de la *« rénovation rurale »*, il constate dès les années 1980 *« une nostalgie de la vie rurale »* chez les citadins : renaissance du village et accueil touristique trouveraient alors un terrain d'entente. *« Ce n'est pas une intervention extérieure* [...], *ce ne sont plus d'excellents architectes qui viennent parachuter leurs maquettes de prix de Rome au milieu de la montagne, ce sont alors des aménagements qui sont faits à partir d'un milieu connu, lequel s'adapte, mais ne se dément pas, ne se contredit pas, ne trahit pas. »* (Philippe Lamour).

RÉGIONALISME : HENRY JACQUES LE MÊME À MEGÈVE

L'architecte Henry Jacques Le Même s'installe à Megève en 1925 et y rencontre la baronne Noémie de Rothschild. Se développe alors à Megève une architecture touristique et mondaine, moderne mais d'inspiration locale. Ainsi, Le Même interprète la figure des grandes fermes de montagne pour créer le « chalet pour skieurs » : socle en pierres, étage bardé de bois, couverture à deux pans débordants. La distribution intérieure est fonctionnelle : pièces de service au rez-de-chaussée (dont *ski-room*), pièces à vivre à l'étage, chambres sous les combles. Le Même réalise ainsi plus de 140 chalets dans la station. L'originalité de chaque construction se révèle dans le traitement des détails et le soin apporté au décor. « Détails naïfs, parfois presque enfantins, mais en même temps éternels puisqu'on les retrouve à la base de tous les arts folkloriques du globe, et qui s'accordent particulièrement bien au caractère sobre et fruste des chalets de montagne : dents de scie, bâtons rompus, festons, pointes de diamant, charpente agrémentée d'encoches, de découpures et de gravures grossières rappelant les enjolivures taillées au couteau par le berger sur son bâton. » (Henry Jacques Le Même, « La neige et l'architecte », 2012). ▼

Immeuble Le Grand Soleil à Megève construit en 1939 par Henry Jacques Le Même architecte. Photo : CAUE74.

« Les chenilles processionnaires », tel est le titre génial de cette aquarelle signée Samivel (vers 1970-1980). Collection MEG, Genève.

SAMIVEL ▲

Samivel est un écrivain, illustrateur et cinéaste dont la carrière débute en 1928. Il collabore à des revues et livres d'alpinisme, étant lui-même un fervent adepte de sports alpins. Il fut également un précurseur très engagé, comme ses amis Théodore Monod ou Gilbert André, pour la protection de la nature, en particulier avec l'association Mountain Wilderness. Ses dessins célèbrent la haute montagne et ses cimes enneigées : la nature y apparaît sereine et infinie, et la présence de l'homme est reléguée au second plan. La montagne est, pour Samivel, le pays de la liberté, le lieu de l'homme libre. Ses dessins traduisent les critiques qui émergent sur l'aménagement touristique des Alpes.

TITLIS-ENGELBERG : UNE STATION-VILLAGE « À LA SUISSE »

L'Autriche et la Suisse, dont les Alpes constituent une importante partie du territoire, n'ont pas opté pour le même mode d'aménagement de la montagne que la France. La place de l'État n'y est historiquement et culturellement pas la même, et les territoires alpins ne connaissent pas la même déprise. La station de Titlis-Engelberg est représentative de celles des Alpes alémaniques : c'est avant tout un village installé au creux des reliefs et surplombé par des glaciers. Le bourg de 4 200 habitants pour 2 100 lits touristiques vit toute l'année. L'hôtellerie a été privilégiée à la résidence secondaire, désertée une grande partie de l'année et dont la propriété est émiettée. La station propose ainsi un séjour à la montagne, et non pas des « vacances au ski ».

U.V. : UNE MONTAGNE « QUI SOIGNE »

La première moitié du XXe siècle voit s'opérer une révolution touristique : la mer devient la destination estivale dominante pendant que la montagne s'affirme comme destination hivernale privilégiée, soit une inversion complète des polarités géographiques et saisonnières du tourisme. Ce basculement est lié à des facteurs géoculturels : montée de l'héliotropisme, évolution du rapport au corps, développement du ski, massification des pratiques récréatives… L'image de la montagne a changé. Loin des gouffres affreux et des sommets imprenables, les sanatoriums valorisent le soleil et l'air pur. L'architecture héliotropique des sanatoriums porte ainsi les ferments de l'architecture touristique à venir.

TEMPS X : UNE CERTAINE IDÉE DU FUTUR

Comme le décrit Charlotte Perriand dans sa biographie, s'agissant des Arcs, l'architecture touristique doit proposer un autre mode de vie que celui du quotidien. Elle sera donc, dans l'immédiat après-guerre, le fer de lance de la modernité, proposant une autre expérience que celle des villas bourgeoises, qu'occupent en ville les nouveaux skieurs. La cuisine ouverte sur le séjour sort la mère de famille de l'isolement domestique, les larges baies vitrées et les terrasses ouvrent le logis vers le paysage et la lumière, le mobilier démocratise le « design ». Les stations sont ainsi, des années 1940 aux années 1960, porteuses d'une certaine idée du futur.

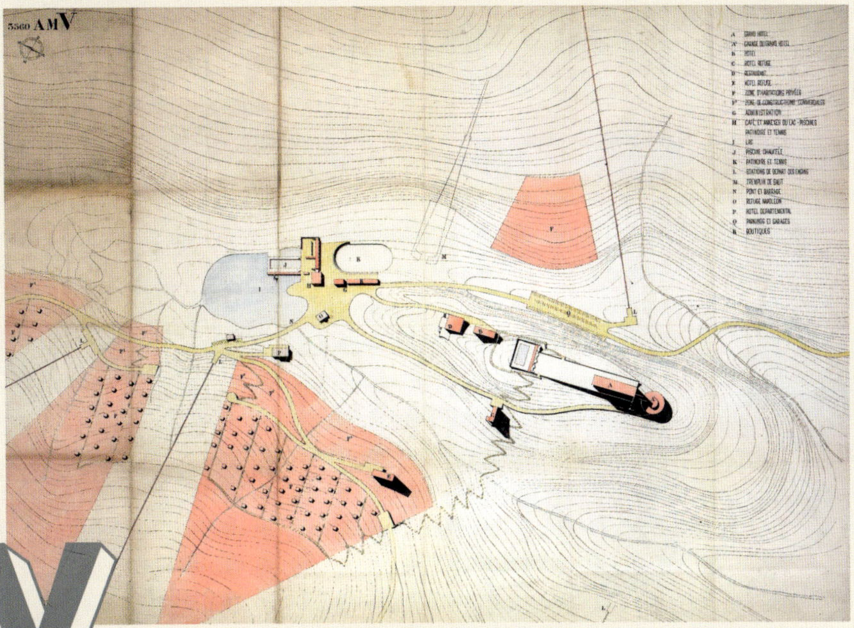

Plan d'aménagement d'une station de sport d'hiver et d'été à Vars établi par Le Corbusier en 1939. Projet non réalisé. Fondation Le Corbusier – Adagp, Paris, 2023.

VALMOREL : LA STATION-VILLAGE PASTICHE

À compter des années 1970, avec la remise en cause d'une modernité conquérante fondée sur l'idée d'un progrès sans limites, mais aussi de la diffusion en Europe des idées écologistes, l'image de la montagne change : les touristes urbains en mal de dépaysement rechercheraient « des expériences authentiques », sans toutefois renoncer au confort moderne. La montagne n'est plus, dès lors, un territoire vierge où se projette l'image d'un lieu de conquête et d'innovation. Ainsi en 1975, les architectes Michel Bezançon et Pierre Diener sont appelés afin de créer un nouveau « village de type montagnard », une « station village ». Valmorel voit le jour en Savoie, en 1976. Elle propose une architecture de décor, de pastiche.

▲ VARS : UN PROJET DE LE CORBUSIER

L'œuvre complète de Le Corbusier fait apparaître un projet resté de papier pour une station de sports d'hiver et d'été à Vars, dans les Hautes-Alpes. Elle comprend, outre les équipements techniques, un hôtel, un restaurant, des chalets individuels groupés et un garage circulaire en spirale. Ce projet témoigne de l'intérêt des architectes modernes, même des plus renommés, pour le programme de stations *ex nihilo* en montagne.

WILDERNESS

La *wilderness* traduit, pour nous Européens, une certaine relation de l'homme à la nature : celle sur laquelle reposent les grands parcs nationaux américains. En France, la situation est tout autre, même si le projet de parc national de la Bérarde dans les années 1910 témoigne de l'influence du concept de *wilderness*. C'est finalement celui de la Vanoise, créé en 1963, qui sera le premier parc national français. Il est ainsi concomitant au plan Neige : l'État va à la fois aménager massivement la Tarentaise et protéger le périmètre de la Vanoise, frontalier du parc italien du Grand Paradis. L'AAM contribue à la création du parc, traduisant sa vision systémique de la montagne : activités des 4 saisons, villages et alpages, accueil de touristes et attention à la population locale, etc.

Un sachet de sucre aux couleurs des JO de Grenoble 1968. Collection Musée dauphinois. Département de l'Isère.

Y GRENOBLOIS

Grenoble, et les massifs qui l'entourent, accueillent en 1968 les Jeux olympiques d'hiver. Chappis, urbaniste en chef de la toute jeune station de Chamrousse, en aurait soufflé l'idée le premier ! Le territoire se dote d'équipements nombreux, mais au-delà de la promotion des sports d'hiver, les projets pour les JO instaurent un rapport nouveau entre la ville et « ses » montagnes : par le ski, Grenoble devient une capitale des Alpes modernes. L'héritage architectural des JO de 1968 est aujourd'hui constitutif de l'identité du territoire, et de sa physionomie.

À lire

- *Denys Pradelle, architecte. Un humaniste de l'aménagement en montagne*, Parc national de la Vanoise, 2002.
- Philippe Revil, *L'Anarchitecte. Laurent Chappis, rebelle de l'or blanc*, éditions Guerin 2002.
- Charlotte Perriand, *Une vie de création*, Odile Jacob, 1998.
- Marie Wozniak, *L'Architecture dans l'aventure des sports d'hiver*, Société savoisienne d'histoire, 2007.

PETER ZUMTHOR

Peter Zumthor est un architecte suisse, lauréat du prix Pritzker en 2009 et vivant dans le cantal des Grisons. Il a réalisé en 1996 des thermes dans la station de Vals, en Suisse. Le bâtiment est enterré en grande partie. L'architecte a utilisé pour le réaliser des pierres de gneiss issues d'une carrière voisine. La pierre est posée en strates fines aux murs, au toit et au sol. La pierre et la lumière viennent sublimer l'eau, élément central des thermes. Composé de quinze modules qui s'articulent entre eux, le lieu présente un aspect sobre et austère. Zumthor propose une « architecture de perception ». Son œuvre renouvelle en profondeur le rapport de l'architecture à la montagne. ▼

Les termes de Vals par Peter Zumthor à qui l'on doit aussi le musée d'Art de Bregenz. Photo Cjreddaway - Flickr.com.

MANIFESTE
POUR UN HABITAT DURABLE

Comment s'adapter au changement climatique ? Comment construire sans défigurer l'existant, sans menacer davantage les écosystèmes ? Comment repenser la mobilité dans les Alpes ? Voici un manifeste en faveur d'une construction éclairée et durable. Un manifeste en sept points, comme autant de roulements de tambour. Il est signé Köbi Gantenbein qui a longtemps présidé un concours international récompensant des projets d'architecture écoresponsables.

PREMIÈREMENT, J'EN APPELLE À LA RAISON CLIMATIQUE !

Particulièrement exposées aux crues et aux coulées de boue, **les Alpes sont frappées de plein fouet par le dérèglement climatique actuel.** Ses villes et villages sont vulnérables, comme le sont aussi ses routes, ses lignes électriques, ses voies ferrées et autres modes de communication mis en place à grand-peine depuis deux générations afin de maintenir en vie ces territoires. Que ce soit en Slovénie, en France, en Italie ou en Suisse, de tels aménagements n'ont été possibles que grâce à la solidarité des métropoles. Or, c'est ainsi que la circulation automobile, l'un des principaux facteurs du changement climatique, a connu une progression spectaculaire. **Impossible de parler de neutralité carbone sans aborder la question : nous faisons beaucoup trop de kilomètres au volant de nos voitures !** Les habitants des Alpes ne sont certes pas les derniers à circuler sur leurs propres routes, mais la situation est encore aggravée par les interminables colonnes de camions qui traversent le massif. La raison climatique en appelle à la mise en place de transports collectifs et publics efficaces, pour les personnes comme pour les marchandises. Quel formidable champ d'action pour les inventeurs, les ingénieurs, les organisateurs de tous bords et les entreprises de bus, de taxis et de chemin de fer ! Mais il s'agit avant tout de réduire nos déplacements. C'est-à-dire de moins rouler en voiture, de diviser par deux les colonnes de camions et de taxer le passage dans les tunnels alpins. Fini les yaourts brassés en Italie et conditionnés en Bavière ! Qu'on arrête d'envoyer au pôle Nord l'eau minérale de San Pellegrino ! **IL EST GRAND TEMPS DE METTRE LA QUESTION DE LA CIRCULATION AU CŒUR DE LA POLITIQUE D'AMÉNAGEMENT DU TERRITOIRE.** Et n'allons pas imaginer que la voiture électrique nous sortira de ce guêpier. Son bilan environnemental est désastreux ! Non, la seule chose qui nous sauvera, c'est d'apprendre à nous restreindre.

MOINS, C'EST MOINS.

L'AUTEUR
KÖBI GANTENBEIN
Il a été pendant de nombreuses années le rédacteur en chef et l'éditeur de *Hochparterre*, la revue d'architecture zurichoise. Il a également présidé le jury de Constructive Alps pendant une douzaine d'années.
Il vit à Fläsch, dans le canton des Grisons (Suisse).

Traduit et adapté de l'allemand par Catherine Schiellein.

DEUXIÈMEMENT, **FAISONS L'ÉLOGE DE LA FRUGALITÉ !**

La ferme alpine est un modèle d'habitat durable. Ses plans, ses matériaux et son mode de construction sont le fruit de décennies d'expériences et de confrontation avec de rudes conditions climatiques. Elle est l'image même de la frugalité, autrement dit, de la sobriété et de la modération. Il s'agit là d'un concept important en matière de politique climatique, car les inventions et les développements techniques ne suffiront pas à freiner la modification du climat.

LA FERME ALPINE EST UN LABORATOIRE POUR L'HABITAT DU FUTUR...

même si ses anciens occupants auraient été interloqués par une telle affirmation ! Après des siècles de frugalité, combien ont-ils apprécié l'arrivée du chauffage central et de l'eau courante... Pourtant ce type d'habitation montre que renoncer, c'est gagner. Inspirons-nous donc du plan type de la ferme alpine, qui comporte des pièces chaudes, tempérées et froides, des vérandas, des couloirs et des ailes ombragées bien ventilées, plutôt que d'équiper nos maisons de coûteux systèmes domotiques. **Et renouons avec le plaisir de se protéger de la fraîcheur du soir en enfilant un gros pull qui, pour un impact énergétique quasi nul, NOUS RÉCHAUFFERA LE CORPS ET L'ÂME.**

TROISIÈMEMENT, **JE RÊVE D'UNE ÉCONOMIE CIRCULAIRE !**

Les matériaux et les constructions doivent être conçus de manière à pouvoir **ÊTRE RÉUTILISÉS À L'INFINI.** Ce principe a régi la construction dans les régions alpines jusque dans les années 1960, comme en témoignent les bâtiments de l'époque. Réparer et réutiliser, c'était le credo d'une culture confrontée à la pénurie ; le mot « jeter » était inconnu. Mais la modernité et le progrès ont révolutionné la planification comme la construction. On s'est alors hâté de tirer un trait sur ce savoir-faire ancestral. Depuis quelques années, cependant, le secteur du BTP redécouvre ce qu'on appelle aujourd'hui l'« économie circulaire ». **Architectes et ingénieurs gagneraient à étudier de près les anciennes constructions alpines et à s'en inspirer pour DÉVELOPPER DES SOLUTIONS NOUVELLES ALLIANT LES TROUVAILLES D'ANTAN, DICTÉES PAR LE MANQUE, AUX TECHNOLOGIES PERFORMANTES D'AUJOURD'HUI.**

QUATRIÈMEMENT,
JE RÉCLAME DU BOIS, ENCORE DU BOIS !

Les Alpes sont le domaine tout désigné de la construction en bois. Certes, les dernières inventions en la matière voient le jour en ville, dans les hautes écoles techniques de Munich ou de Lausanne. Mais ce sont les entreprises de construction en bois des zones préalpines qui les développent. Il s'agit là, pour les Alpes, d'une activité économiquement rentable, depuis l'abattage des arbres en forêt jusqu'à l'usinage du bois en atelier de menuiserie. **La construction en bois contemporaine est à ranger parmi les hautes technologies.** Les charpentiers, même ceux qui sont installés loin des centres urbains, possèdent les compétences et les machines nécessaires pour produire à partir du bois des éléments préfabriqués, voire des maisons entières, à destination de leur environnement immédiat, mais aussi des zones de plaine. **LE BOIS N'EST PAS SEULEMENT UTILE POUR LA CONSTRUCTION. IL FOURNIT ÉGALEMENT DE LA CHALEUR** : ainsi, les villages des Alpes sont de plus en plus nombreux à posséder une chaufferie collective au bois.

LE BOIS DE CONSTRUCTION EST LE SYMBOLE MÊME DE L'ÉCONOMIE CIRCULAIRE : issu des forêts communales, il est transformé sur place en matériau de construction, puis utilisé par trois générations avant de finir dans le poêle. C'est là un modèle pour l'avenir, à condition toutefois que le bois ne provienne pas des forêts de Scandinavie ou des vastes plantations de l'est de l'Europe et qu'il n'ait pas été transformé en déchet toxique par des traitements à la colle. Cela fait des générations que, sans tambour ni trompette, le bois de qualité a fait ses preuves en matière d'architecture et d'économie circulaire. Sa contribution est indispensable pour atteindre les objectifs climatiques des accords de Paris. Mais elle ne sera pas suffisante, aussi longtemps que, devant chaque immeuble en bois de dix logements à l'indice énergétique de 10 kWh/m^2/an, seront garées une vingtaine de voitures. On l'a dit, **l'automobile, qu'elle carbure à l'essence ou à l'électricité, est l'un des principaux responsables de la catastrophe climatique.**

CINQUIÈMEMENT,
PENSONS GLOBAL !

La prudence doit guider les nouvelles constructions. Outre le bâtiment, il convient de prêter attention à ce qui l'entoure, devant, derrière et sur les côtés. On veillera également à la cohérence temporelle – ce qu'il y a eu avant, ce qu'il y aura après – en se montrant curieux de l'existant. On examinera dans le détail une habitation ancienne, afin qu'aucune intervention intempestive ne vienne bouleverser l'harmonie de l'ensemble. Bien entendu, le plan local d'urbanisme devra s'adosser à l'histoire et à la culture du lieu. La densification est sans doute une nécessité, mais là encore, **IL S'AGIT D'ÊTRE ATTENTIF À L'EXISTANT.** Créer de l'espace dans un lieu existant demande beaucoup d'habileté, ainsi qu'une bonne dose de courage politique et d'imagination. **L'ensemble cohérent formé par un bâtiment et son terrain, ainsi que les vastes étendues agricoles qui l'entourent, voilà le grand trésor des agglomérations alpines.** La frénésie de construction des trente dernières années a curieusement épargné bon nombre de villes et villages qui sont restés intacts, dans leur forme et leur substance. Ils méritent aujourd'hui d'être préservés avec soin. **POUR LE BIEN-ÊTRE DE LEURS HABITANTS COMME CELUI DES VISITEURS.**

SIXIÈMEMENT, JE VOUDRAIS UNE MEILLEURE CONNAISSANCE DE NOS TRADITIONS !

À Sumvitg, dans la région suisse de la Surselva, des paysans-bâtisseurs ont construit en 1727 l'étable de Tresch. Sans utiliser le moindre clou. Cette cathédrale de la vache pouvait accueillir quatre-vingts bêtes. Le toit s'est détérioré, puis les pierres qui maintenaient les bardeaux de la toiture sont tombées dans le fenil. Réduite à l'état de ruine, elle a finalement dû céder la place à un chemin d'exploitation il y a une douzaine d'années. Avec l'étable de Tresch, c'est un **ÉLÉMENT D'ARCHITECTURE PARFAITEMENT ADAPTÉ À SON ENVIRONNEMENT** et à sa fonction qui disparaît, en même temps que le paysage où il s'érigeait. La monoculture et l'abandon des terres sont responsables de la **PERTE DE CONNAISSANCES ET DE SAVOIR-FAIRE PRÉCIEUX,** accumulés en plus de quatre mille ans d'expérience. Adaptées aux conditions climatiques, topographiques et environnementales particulières des Alpes, **ces traditions ancestrales apprenaient aux hommes à se défendre du froid, de la sécheresse et des inondations, à utiliser au mieux la pente et à aménager les chemins**, et même à savoir quoi faire face au loup. Ce sont des traditions qui me fascinent, car les méthodes qu'elles transmettent seraient utiles bien au-delà des Alpes et du métier de paysan, pour promouvoir une économie et un mode de vie plus sains. Elles m'intéressent, car je suis témoin des désastres en chaîne infligés par la spéculation immobilière et ses engins destructeurs.

À lire

• Köbi Gantenbein, *Bauen in den Alpen. Klimavernünftige Architektur zwischen Lubljana und Nizza*, éditions Hochparterre, 2021. Un beau livre stimulant qui, à travers le bilan des dix ans du concours Constructive Alps, propose des pistes de réflexion pour une architecture écoresponsable dans les Alpes. Il est agrémenté de plusieurs cartes blanches données à de grands écrivains, italien comme Paolo Cognetti, slovène tel Uroš Zupan, ou liechtensteinois à l'image de Benjamin Quaderer. Les photos sont signées notamment par Lois Hechenblaikner et Matthieu Gafsou.

SEPTIÈMEMENT, ÉCHANGEONS ET DÉBATTONS !

Les Alpes disposent d'un solide réseau d'institutions dédiées à tous les domaines concernant cet espace de vie. Je pense à la **CIPRA International,** dont les départements nationaux mènent et alimentent le débat d'un bout à l'autre de la chaîne alpine ; je pense à la **CONVENTION ALPINE**, au sein de laquelle les huit états alpins élaborent et mettent en œuvre ensemble leurs politiques avec une puissance – et parfois une lourdeur – tout étatique ; je pense à des sites de recherche comme l'**INSTITUT FÉDÉRAL POUR L'ÉTUDE DE LA NEIGE ET DES AVALANCHES**, à Davos, dont les connaissances nous seront cruellement nécessaires lorsque les montagnes se mettront à craquer et à gronder sous l'effet du changement climatique ; je pense aussi à la culture qu'explore, promeut et encourage l'**Institut des cultures alpines de l'université de Lucerne** à Altdorf ; et je pense enfin à **CONSTRUCTIVE ALPS**. Cette institution réunissant la Confédération suisse et la principauté du Liechtenstein s'occupe de la planification et de la construction dans l'arc alpin, de Nice à Ljubljana. La devise sur son drapeau est : « *Vous faites du bien, nous le faisons savoir.* » Tous les deux ans, l'institution organise un concours doté de 50 000 euros qui récompense la construction et la rénovation durables dans l'espace alpin. Les principes énoncés ici guident le jury dans son appréciation de ce qu'est un bâtiment respectueux du climat. À travers ses publications et une exposition itinérante, Constructive Alps nous l'assure :

« IL EST POSSIBLE DE FAIRE FACE AUX ENJEUX CLIMATIQUES. AVEC DE BONS MAÎTRES D'OUVRAGE, DE BONS ARCHITECTES ET DE BONNES POLITIQUES, LA CONSTRUCTION ÉCORESPONSABLE A DE L'AVENIR DANS LES ALPES. »

Cette mosaïque met en avant différents projets de construction ou de rénovation nominés ou primés par le prix international Constructive Alps. Avec pour matériau roi le bois ! Il s'agit là de bâtiments aux fonctions très diverses : habitations, exploitations agricoles, espace culturel ou sportif, etc. implantés dans différents pays de l'arc alpin. Plus d'informations sur constructivealps.net.

1 • La ferme Casa Riga à Comano Terme, dans le Trentin, vit d'agrotourisme. Architectes : Stefania Saracino et Franco Tagliabue.

Photo : Davide Cornacchini.

2 • Rénovation d'une habitation, la Gugghof à Sankt Margarethen en Bavière. Architectes : Lisbeth Fischbacher et Daniel Hoheneder, Oacha Architektur.

Photo : Oacha Architektur.

3 • Hôtel Bohinj à Bohinjsko jezero, en Slovénie. Architecte : OFIS Arhitekti.

Photo : Ziga Intihar.

4 • La gare de Olang-Antholz dans le Sud-Tyrol (Italie). Architectes : Walter Karl Dietl, Thomas Hickmann, Schlanders.

Photo : René Riller.

5 • Immeuble Friedrich-Inhauser-Straße à Salzbourg.
Architectes : CS-Architektur et Stijn Nagels.
Photo : Christof Reich, Cs-architektur.at.

6 • Stade de foot à Schluein dans les Grisons.
Architectes : Jan Berni, Ilanz et Georg Krähenbühl.
Photo : Ralph Feiner.

7 • Chapelle de Kendlbruck à Ramingstein (Land de Salzbourg).
Architectes : Hannes Sampl, Atelier Dunkelschwarz.
Photo : Albrecht Schnabel.

8 • Bâtiment polyvalent de Fläsch (Grisons).
Architectes : Bearth et Deplazes AG.
Photo : Ralph Feiner.

LA RENAISSANCE DE VILLAGES ABANDONNÉS

Longtemps laissées à l'abandon, les vallées occitanes du Piémont renaissent de leurs cendres. Leur revitalisation s'appuie sur la mise en œuvre d'une autre façon de penser l'architecture au service d'un territoire, la revalorisation du bâti existant et une nouvelle économie socio-culturelle. Chronique d'une renaissance.

Parfois, l'histoire semble prononcer des verdicts de mort cérébrale, totale, irrémédiable. Or, l'exemple des *Valades ousitanes*, les vallées occitanes piémontaises, montre à quel point les Alpes sont en réalité un monde en devenir et en constante évolution, dont l'histoire – même lorsqu'elle peut sembler tragique et sans avenir – ne cesse de se reformuler. Car bien souvent, en montagne, « *il vento fa il suo giro* » (le vent fait son tour), pour reprendre le titre d'un film (Giorgio Diritti, 2005) dont l'action se déroule dans ces hautes terres italiennes.

En 1977, l'écrivain Nuto Revelli publiait un ouvrage intitulé *Il mondo dei vinti* (publié en France en 1980 sous le titre *Le Monde des vaincus*). Titre symbolique qui résumait, avec une grande puissance évocatrice, le dramatique processus d'exode rural et de dissolution des sociétés alpines traditionnelles qui a traversé tout le XXe siècle. Si ce phénomène a touché de façon limitée les Alpes de culture germanique, il a en revanche frappé de plein fouet les vallées des Alpes carniques, celles du sud-est de la France et surtout, les vallées piémontaises de culture occitane de la région de Cuneo, qui ont connu un pourcentage de dépopulation frisant les 80-90 % dans les villages d'altitude.

Bien qu'il se soit à peine écoulé un demi-siècle depuis la sortie du *Monde des vaincus* (certes un temps long à l'aune d'une vie humaine mais relativement bref pour l'Histoire), beaucoup de choses, si ce n'est presque tout, semblent avoir changé. Ainsi, les grandes villes où émigrèrent nos grands-pères et nos pères ne semblent plus être en mesure d'offrir les opportunités qui avaient poussé ceux-ci à fuir la montagne. Par ailleurs, alors que nombre de lieux touristiques et de stations de sports d'hiver réputés voient leur image se ternir et leur fréquentation diminuer, les vallées occitanes, laissées à l'abandon pendant quelques décennies, connaissent en revanche un essor sans précédent, centré sur la valorisation d'un triple patrimoine, naturel, historique et culturel. Désormais, la montagne est à la mode, témoignant d'une profonde transformation des imaginaires culturels.

POUR UNE NOUVELLE HABITABILITÉ

Le val Maira dans la province de Cuneo, l'une des vallées les plus touchées par l'exode rural, est emblématique de cette renaissance. Aujourd'hui, on parle souvent du « modèle Maira » pour désigner tout projet de développement d'un territoire de montagne articulant plusieurs composantes : environnement naturel quasi intact, valorisation des ressources historiques et culturelles, qualité de l'accueil et authenticité, tourisme doux fondé sur des pratiques sportives à faible impact environnemental et capacité d'attraction à l'échelle internationale.

Réhabilitation du hameau de Paraloup, là où se trouve la fondation dédiée à l'immense écrivain et ethnographe Nuto Revelli. Le maître-mot de la revitalisation de ces villages et hameaux du Piémont est celui de « palimpseste » architectural et paysager, un texte dont on conserve des morceaux comme les soubassements en pierres de ce bâtiment et dont on réécrit des passages à l'image de cet ajout en bois.
Photo : Isabella Sassi Farias / Urban Reports

L'AUTEUR
ANTONIO DE ROSSI
Architecte, professeur à l'École polytechnique de Turin, il a réalisé plusieurs projets de réhabilitation dans les Alpes et les Apennins. Parmi ses publications, *La Construction des Alpes* (2 volumes, 2014 et 2016) et *Riabitare l'Italia* (2018), un livre de référence dans le débat italien sur la montagne et l'arrière-pays.

Traduit de l'italien par Dominique Vulliamy.

Le hameau de Sant'Antonio-Miribrat à Ostana sur lequel veille le mont Viso. On distingue très bien le centre culturel Lou Pourtoun aménagé en 2015 par Massimo Crotti, Antonio De Rossi, Marie-Pierre Forsans et le studio GSP.
Photo : Laura Cantarella.

Mais le val Maira est loin d'être unique : ces phénomènes se propagent à travers presque toutes les vallées occitanes, en taches de léopard : Ostana dans la vallée du Pô, Paraloup et Rittana dans le val Stura, la haute vallée Varaita, avec d'intéressants processus de réinstallation dont les *« nouveaux montagnards »*, comme on les définit au sein de l'association Dislivelli, sont la cheville ouvrière. Il s'agit le plus souvent de jeunes diplômés, entrepreneurs et porteurs de projets économiques, qui font le choix de s'installer dans ces vallées avec leur famille, sans posséder pour autant de liens familiaux avec les anciens habitants.

Cette démarche repose sur l'idée pivot que le développement des territoires de montagne ne doit plus être centré uniquement sur le tourisme et le patrimoine, mais sur une *nouvelle habitabilité*, en s'appuyant sur une renaissance socio-culturelle, de nouveaux modes d'agriculture, une restauration du bâti traditionnel et de nouvelles formes d'économie et de bien-être.

PENSER AUTREMENT L'ARCHITECTURE

La renaissance des vallées occitanes s'accompagne de nouvelles formes architecturales qui connaissent depuis peu une reconnaissance internationale avec des événements comme l'exposition *Arcipelago Italia* et la biennale d'architecture de Venise en 2018, ou des prix d'architecture (Constructive Alps, Rassegna Architetti Arco Alpino). Cette nouvelle architecture occitane met au centre de ses préoccupations la récupération et la réutilisation du bâti traditionnel, le dialogue avec les contextes environnementaux et historiques, sans omettre pour autant les aspects contemporains et l'innovation technologique. Elle accompagne et soutient concrètement le projet de revitalisation de ces vallées. En somme, c'est une architecture qui s'insère dans la matérialité des lieux, dans leur mise en œuvre, et qui participe activement au processus de renaissance, préfigurant de nouvelles formes de développement et d'habitat au-delà d'une simple traduction des besoins et des fonctions. Une architecture faite de peu, de modifications minimes, qui privilégie le travail artisanal et semble avoir intériorisé un concept de sobriété adapté à la taille et à la démographie de ces territoires.

Ce travail conceptuel de revitalisation met l'accent sur *l'interprétation* plutôt que sur la *transformation-construction*, en gardant toujours à l'esprit que le vaste palimpseste architectural des territoires de montagne peut être réactivé avec un impact et des moyens limités. Ce concept de palimpseste est d'ailleurs central : comme l'a rappelé l'historien de l'architecture André Corboz, cette métaphore permet de raisonner en d'autres termes, en valorisant des fragments de paysage qui doivent être conservés, ou réinterprétés et réutilisés ou alors radicalement réécrits. Cette lecture en palimpseste permet en somme de voir ce qui relève du véritable caractère de l'espace alpin : non une

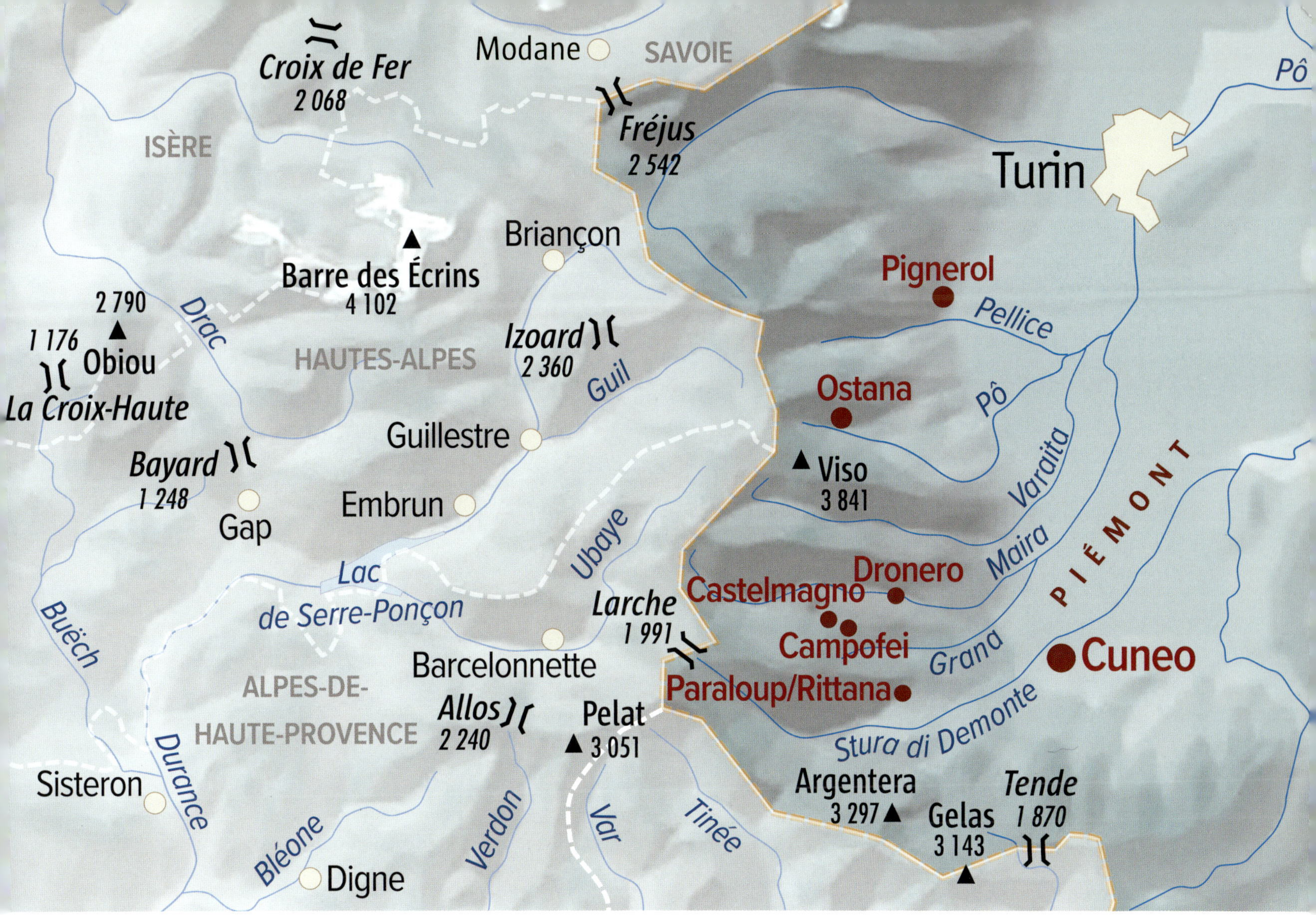

Carte : Murielle Dubois.

opposition entre construction et nature, entre les « pleins » sur lesquels se focalise l'attention et les « vides » jugés de piètre intérêt, mais bien une façon d'articuler et d'entrecroiser des éléments naturels, agricoles et architecturaux. Cette vision – prioritaire et liée aux spécificités des territoires alpins, mais aussi fondamentalement écologique – conduit à une révision radicale de la façon de penser la transformation physique de l'espace. Un concept qui entrelace en permanence, à l'intérieur même des processus, les dimensions sociales, culturelles et économiques, qui met davantage en avant le *bricoleur* et le *médiateur* que le concepteur traditionnel, et dont la valeur régénérative se lit dans la destination même des projets : résidences, espaces culturels, infrastructures de service et de bien-être, structures destinées à l'agriculture, aux nouvelles économies, au tourisme vert.

Aujourd'hui, les vallées occitanes offrent une chose unique et précieuse, bien différente de ce qui existe dans les métropoles et les plaines urbanisées : l'imbrication horizontale du bâti et du naturel ; la reconnexion verticale des lieux de travail et d'habitat ; la coexistence et le mélange des ordres spatiaux, temporels et culturels ; la possibilité de pratiquer des activités et des modes de vie multiples et divers dans une perspective de développement responsable et écodurable. Et dans tout cela, l'architecture, la construction de lieux de vie et de travail, jouent un rôle décisif.

OSTANA ET PARALOUP : DEUX EXEMPLES DE REVITALISATION

Parmi les nombreux projets et expériences en cours, deux sont particulièrement significatifs : la renaissance du village d'Ostana, dans la vallée du Pô, et celle du hameau de Paraloup, dans le val Stura.

Ostana est un cas particulier. Situé au pied du mont Viso, proche de la source du Pô, le village comptait 1 200 habitants au recensement de 1921. Dès 1985, on tenta d'endiguer son dépeuplement grâce à un projet basé sur la valorisation de l'histoire et du patrimoine. L'urbanisme local ne permettant pas de réaliser des constructions nouvelles, il fallait privilégier la réutilisation du bâti existant. Mais ces actions, bien que significatives pour l'époque, ne rencontrèrent pas le succès

escompté : à la fin des années 1990, seules 6 personnes résidaient à Ostana à l'année.
On changea alors complètement de stratégie. L'administration communale, avec l'aide et la coopération de l'École polytechnique de Turin, entreprit de réaliser une série de bâtiments destinés aux services à la population, à la culture et aux nouvelles économies. Grâce à des financements issus de projets européens et nationaux, une douzaine d'édifices publics virent le jour, dont un centre culturel, à 1 400 mètres d'altitude, une école maternelle dotée d'un programme pédagogique dédié à la montagne, des hébergements pour accueillir les nouveaux habitants, une laiterie, une boulangerie, un petit centre de sport et de bien-être, et diverses autres choses. Aujourd'hui, Ostana compte plus de 50 habitants. Il s'agit de jeunes familles, des personnes diplômées issues de différentes régions italiennes, voire de l'étranger, qui ont trouvé ici un lieu adapté à leur projet de vie. Fondée pour gérer l'ensemble de ces structures, la coopérative de communautés Viso a Viso [*ndt :* soit « face à face », mais aussi clin d'œil au mont Viso tout proche] a créé divers emplois et organise un riche programme comprenant des événements culturels et des formations pour étudiants. L'exemple d'Ostana montre à merveille le rôle et le poids de l'architecture dans le processus de renouveau et de repeuplement de ces vallées.
Autre expérience notable, celle de Paraloup, dans le val Stura, qui abrita pendant la Seconde Guerre mondiale un noyau important de partisans en lutte contre le fascisme et le nazisme, autour de l'écrivain Nuto Revelli. Pour honorer cette mémoire, la fondation Revelli a fait revivre le hameau, devenu un centre culturel important qui offre des activités de formation et divers services. Le projet architectural s'est ici appuyé sur une philosophie précise : on a conservé les vieilles maisons de pierres en ruines et simplement inséré des modules en bois à l'intérieur.
Le même groupe de concepteurs se montre également actif dans le val Grana, où ils valorisent certains bâtiments du village de Campofei. À travers la société agricole Chandarfei, un processus de revitalisation économique des lieux a été lancé, avec notamment la création d'une microéconomie liée à la filière fromagère du Castelmagno et à la production de plantes aromatiques.
Si ces exemples ont radicalement modifié l'aspect de villages entiers, cela ne doit pas occulter les diverses opérations architecturales qui ponctuent désormais les vallées occitanes, toujours sous le signe du minimalisme, du réemploi et de la juste mesure. Preuve, s'il en est, que la renaissance des vallées et la nouvelle architecture occitane sont étroitement liées. ■

À lire

- Laura Fossati, Raphaël Botiveau, Guillaume Lebaudy, « La voix de vaincus » *in L'Alpe n°95*, Glénat, 2021.
- Collectif, *Habiter les Alpes du Sud*, projet Alcotra HABIT.A, 2020. À télécharger sur architetticuneo.it

Rénovation d'un ancien bâtiment à Ormea en 2019 à la frontière entre Ligurie et Piémont par le cabinet d'architecture Officina 82. Il servait autrefois d'écurie et de grenier.
Photo : Officina 82.

Ci-contre : l'engagement de quatre entrepreneurs viticoles en 2009 va donner un second souffle au hameau de Campofei. Peu à peu, l'économie du village repart grâce à de microentreprises liées à la fabrication du fromage Castelmagno ou à la culture d'herbes aromatiques. Les bâtiments sont restaurés par Dario Castellino, Valeria Cottino et Daniele Regis en 2016. Ce projet de réaménagement est nominé en 2022 au concours Constructive Alps.
Photos : Dario Castellino.

& AUSSI

BELLES FEUILLES

MONICA DALMASSO
SAUVAGE !

EXPOSITION

GABRIEL LOPPÉ
DANS LE BLEU
DES GLACIERS

« Il arrive, et c'est assez rare, que la présence de l'homme réhausse la beauté des lieux. » Tels sont les mots de l'écrivain Cédric Sapin-Defour qui accompagnent cette photo saisissante de Monica Dalmasso montrant Stef Husson suspendu au clocher penché du Beaufortain, la Base 8a. Elle est en couverture du beau livre de photographies qui vient de paraître aux éditions Glénat : *Monica Dalmasso. Sauvage !*

SAUVAGE !

On croise peu de femmes photographes en haute montagne. Parmi ce cercle restreint, Monica Dalmasso fait figure d'exception par son œil et son engagement physique pour saisir l'instant parfait. Comme on le voit dans son nouvel ouvrage, ses photographies sportives ne sont pas guidées par la recherche de l'exploit, mais l'élégance du mouvement, la perfection du geste. Pareille aux chercheurs en physique fondamentale, elle étudie les éléments constitutifs de la nature. Car plus que tout, c'est l'âpre beauté des milieux dits « hostiles » qu'elle veut montrer par son travail sur la matière, le grain de la roche, la transparence de la glace. De ses photographies comme des textes de Cédric Sapin-Defour qui les habillent se dégagent une immense poésie.

Avec la matière, il s'agit de s'entretenir lentement et de prendre son temps. Au début on marche, la tête à l'ailleurs. On croise des choses mille fois vues, la neige, la mousse, le rocher. On est comme indifférent. Puis on s'immobilise. On fixe son regard sur ces quelques centimètres carrés d'une substance familière. Au début on ne voit qu'une masse inerte et uniforme. Brute. Puis apparaissent des grains, des cristaux, des particules et d'autres improbables minuscules hors de notre catalogue du réel. On se met à respirer doucement, on devient poreux, on discerne. Si l'on ne pense plus et si l'on n'a pas omis de garnir sa besace d'un peu de fantaisie, petit à petit ces lilliputiens s'animent. Ils bougent, bondissent, se tapissent, se cachent, reviennent et virevoltent dans une espiègle farandole.

À qui a joué le jeu, alors un double voyage est offert.

Dans le temps tout d'abord et ce, en deux étapes. La première, à l'innocence de notre propre vie, quand les contes et les fables faisaient foi, quand les arbres, les vagues ou les nuages nous parlaient et que nous leur répondions joyeusement. La seconde, aux sources de la vie tout court car revenir à ces éléments, c'est rejoindre ce qui nous constitue, c'est toucher du doigt l'origine du monde.

L'autre transport a lieu dans l'espace. On se pensait à l'étroit de l'infiniment petit mais de l'observer vivre bouscule nos repères et renverse l'échelle. Car ces poussières, ces veines, ces nuances, pour qui s'ouvre aux parlements, c'est la Voie lactée, c'est le cosmos, c'est tout ce qui nous dépasse et un peu nous rassemble.

Quelle folle discussion avec l'immensément petit !

Quelle folle discussion quand, partant du solide, on accède aux bonheurs de l'éthéré ! Ce que les savants nomment et c'est fort à propos : la sublimation. Cette métamorphose que la photographie, depuis l'organique jusqu'à l'onirique, nous offre d'entreprendre. ■

Extrait de *Monica Dalmasso. Sauvage !* Photographies de Monica Dalmasso, textes de Cédric Sapin-Defour, éditions Glénat, 2023.

LA PHOTOGRAPHE
MONICA DALMASSO
Formée à l'École nationale supérieure Louis-Lumière à Paris, Monica Dalmasso a passé plusieurs années en équipe de France d'escalade avant de se consacrer à l'image. Basée à Chamonix, au pied du mont Blanc, elle partage son temps entre la montagne et les voyages lointains. Ses photographies et ses tirages d'art font régulièrement l'objet d'expositions à travers le monde.

L'AUTEUR
CÉDRIC SAPIN-DEFOUR
Mi-enseignant mi-voyageur, Cédric Sapin-Defour vit dans le Beaufortain quelques mois par an et le reste du temps en itinérance. Il est l'auteur de plusieurs livres, notamment chez Guérin ou JMEditions. Son dernier ouvrage, *Son odeur après la pluie*, vient de paraître chez Stock.

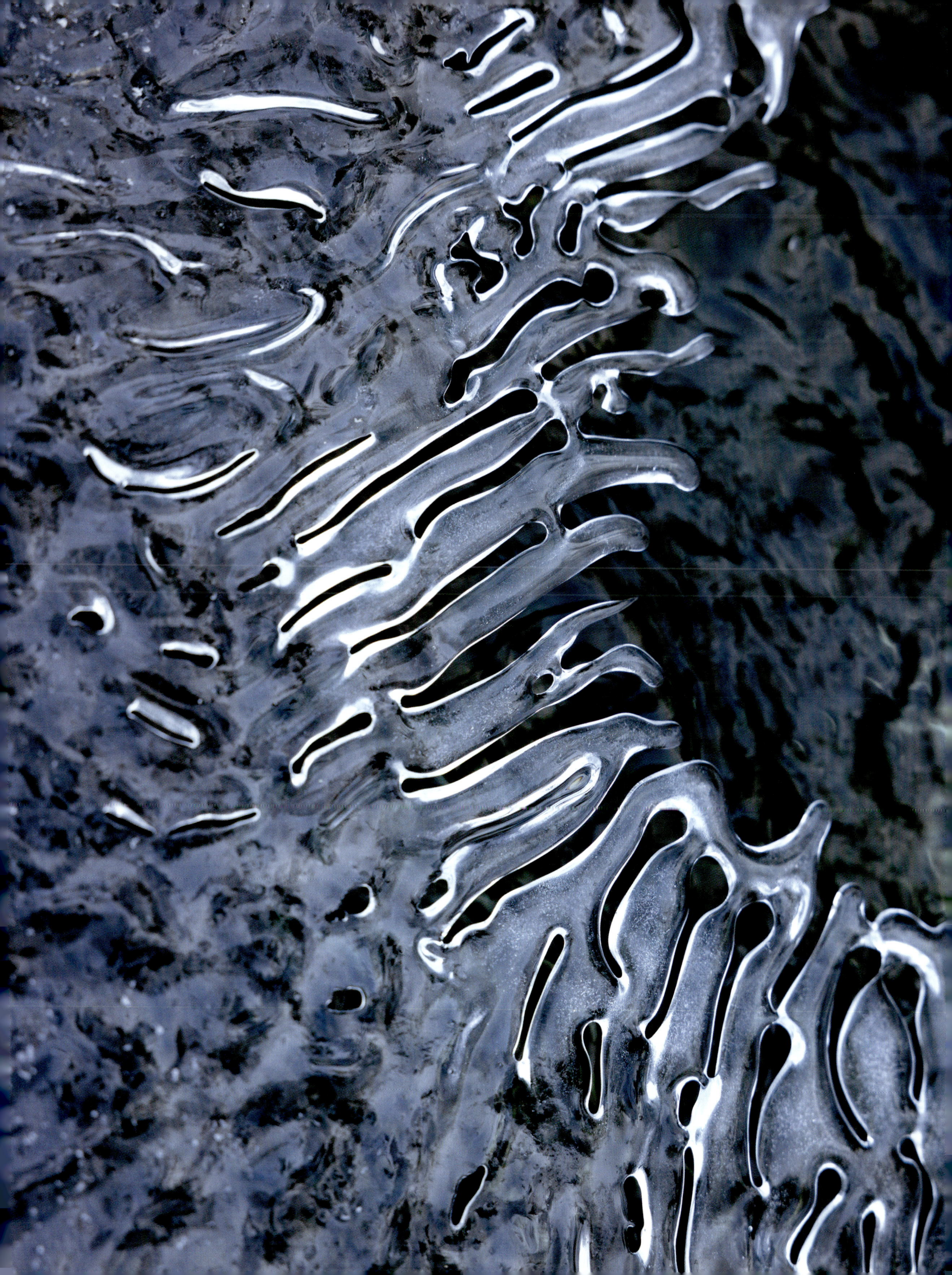

EXPOSITION

GABRIEL LOPPÉ
DANS LE BLEU DES GLACIERS

Le fort de Bard consacre une superbe rétrospective au peintre des sommets, des neiges et des glaciers, qui ne séparait jamais son piolet de ses pinceaux : Gabriel Loppé. On y découvre ses toiles, souvent monumentales à l'image des paysages qu'il peint, mais aussi ses photographies, ses pochades, tout un pan méconnu de son travail.

Happé par la blancheur immaculée de la neige, immergé dans les vagues déferlantes de crevasses, on oscille entre exaltation et mélancolie, entre émerveillement et nostalgie : l'exposition consacrée au peintre français Gabriel Loppé (1825-1913) nous transporte en haute altitude, dans les Alpes d'antan, où régnaient la neige et la glace. Du massif du Mont-Blanc à celui du Mont-Rose ou de l'Oberland, elle témoigne merveilleusement d'un paysage qui disparaît sous nos yeux, celui des glaciers blancs et des neiges éternelles. Pour la découvrir, il faut se rendre au fort de Bard, l'ancienne place forte devenue centre culturel de la Vallée d'Aoste (Italie). Plantée sur un promontoire rocheux, la forteresse offre un écrin idéal aux œuvres de cet artiste épris des montagnes, de ce grand marcheur qui aimait se rendre à pied de Chamonix à Aoste pour contempler et peindre les paysages grandioses de la vallée.

Conçue par Anne Friang, présidente des Amis de Gabriel Loppé et descendante du peintre, et William Mitchell, galeriste anglais, collectionneur des œuvres de l'artiste, la rétrospective présente une centaine de tableaux, dessins et photographies ainsi que le matériel de peinture et de montagne de celui qui fut le premier à poser son chevalet au sommet du mont Blanc. Au fil des salles, on découvre un artiste précurseur, qui fut aussi un alpiniste chevronné, un grand voyageur et un brillant photographe, dont les tableaux monumentaux – de la Mer de Glace au Cervin – mais aussi les pochades prises sur le vif – des Grands-Mulets à la Jungfrau – ont façonné notre imaginaire alpin.

En témoigne par exemple ce *Glacier des Bossons vu de la montagne de la Côte*, une étude à l'huile de 1883. Loppé est monté aux Grands-Mulets à trois reprises en dix jours pour réaliser cette composition frappante : les vertigineuses crevasses indigo du premier plan happent le regard, mais le grain ardoise de la glace au-dessus puis la touche de lumière au sommet ramènent les yeux vers le haut, nous restituant ainsi la raideur de la pente et la majesté du géant. Un flot de glace dont il ne reste plus aujourd'hui qu'une étroite langue blanche et un lac.

Avant Loppé, pour les peintres, *« les montagnes n'étaient que les dentelles de l'horizon, représentées de bas en haut »*, souligne Anne Friang. Alpiniste infatigable, son aïeul fut l'un des premiers

Gabriel Loppé, *Glacier des Bossons vu de la montagne de la Côte*, 1883. Comme l'explique la restauratrice d'art Gaudérique de Vivie, qui est intervenue sur plusieurs de ses œuvres, *« Loppé monte ses couleurs du sombre au clair. Il part d'une sous-couche plus sombre, plus bleutée – c'est elle qui donnera la transparence de la glace – et il monte vers des blancs plus dilués ».* (« Le peintre des sensations », propos recueillis par Éliane Patriarca, *in Montagne et alpinisme*, mars 2023).
Collection particulière.

L'AUTEURE
ÉLIANE PATRIARCA
Journaliste freelance, spécialisée en environnement, auteure des livres *Menace sur Saint-Gervais* (Catapac Éditions, 2010), de *Vivre, ma tragédie au Nanga Parbat*, avec Élisabeth Revol (Arthaud, 2019), éditrice et traductrice de *Mon voyage dans le Grand Nord, les grands reportages de Walter Bonatti* (Arthaud, 2019).

à peindre sur le motif, à hauteur de sommet, dans des sites qu'aucun artiste n'avait atteints.
Avec *La Vallée de Chamonix en hiver*, une grande peinture à l'huile à laquelle il a travaillé de 1893 à 1901, éclate son talent singulier : Loppé parvient à capter l'éclat de la neige comme nul autre. « *Longtemps, la neige n'a pas intéressé les peintres* », rappelle Anne Friang. Pour Renoir par exemple, ce n'est qu'« *une moisissure sur le visage de la nature* ». Loppé, lui, s'intéresse à la matière même de la montagne : la glace, le rocher, et bien sûr la neige…
Au fort de Bard, sont aussi exposés ses dessins, exécutés à la mine de plomb sur de grandes feuilles de papier beige ou bleuté, rehaussés à la gouache blanche qui crée la lumière. Croqués sur le vif, ils sont d'une modernité surprenante et témoignent de l'intimité de la relation entre l'artiste et la montagne.
C'est à 17 ans, en découvrant au sommet d'un petit pic qu'il vient de gravir près de Montpellier deux jeunes artistes en train de dessiner que Loppé décide de son avenir : il sera peintre-paysagiste. De plein air bien sûr ! À 21 ans, en apprentissage en Suisse, il s'initie à l'univers de la haute altitude. « *Je n'avais jamais mis les pieds sur la glace, sauf pour faire quelques pas et pour moi ce fut une révélation* […], *une des plus vives impressions de la nature que je n'ai jamais reçues dans les Alpes. C'était le 9 septembre 1846, il y a 63 ans, et je m'en souviens comme si c'était le mois dernier* » écrira-t-il. Ébloui par l'atmosphère minérale, glaciaire, et dépouillée de la haute montagne, il ne séparera plus dès lors son pinceau de son piolet.
En 1849, Loppé se rend à pied d'Annecy, où il habite alors, à Chamonix. Subjugué par les glaciers et les hautes cimes, il s'y fera construire un chalet-atelier et y travaillera chaque été durant une cinquantaine d'années. La légende lui prête un total de quarante ascensions du mont Blanc ! Il a en tout cas souvent travaillé au sommet, attendant le coucher du soleil ou les premières lueurs de l'astre. Grand et robuste, Loppé est d'une endurance exceptionnelle. Il ne craint ni l'altitude ni le froid comme en témoigne cette anecdote rapportée par l'alpiniste britannique Douglas Freshfield : un jour, au sommet justement, l'artiste était resté tellement longtemps à travailler assis sur la neige qu'il fallut décoller au piolet son fond de pantalon !
En 1862, pour la première fois, le Français expose à Londres. Les Anglais sont conquis par ses monumentaux paysages de montagne, et dans les décennies suivantes, l'artiste expose régulièrement outre-Manche. L'alpinisme n'est alors l'apanage que d'une poignée d'hommes et de femmes.

L'exposition au Fort de Bard présente de nombreuses pièces du matériel d'alpinisme de Gabriel Loppé. Ici son tonnelet en bois et ses bottes cloutées.
Photos : Pascal Tournaire.

Gabriel Loppé, *La Vallée de Chamonix en hiver*, 1893-1901.
Collection des Amis du Vieux Chamonix.

Le matériel de montagne présenté au fort de Bard – brodequins à clous, corde en chanvre, alpenstocks et piolets… – rappelle que le peintre a participé à l'âge d'or de l'alpinisme, celui de la conquête des sommets alpins. Loppé révèle une *terra incognita*, des immensités enneigées et désertes, à l'exception des quelques silhouettes qu'il aime insérer dans ses tableaux. Le souci de précision et d'échelle qui le caractérise, alors même que les massifs montagneux ne sont pas encore cartographiés, n'enlève rien à la sensibilité de l'artiste : Loppé est pionnier dans sa manière de capter et traduire les sensations procurées par la montagne.

« *Quand il entrait dans la salle, les Alpes entraient avec lui* », se souvient dans l'*Alpine Journal* Douglas Freshfield, qui loue aussi « *sa personnalité joyeuse et débonnaire* ».

En 1870, l'artiste fait construire à Chamonix, à proximité de son atelier, une galerie d'exposition-vente. Il expose régulièrement à Genève, Zermatt, Londres et Paris, et vit bien de sa peinture. Après 1879, il s'installe à Paris avec sa famille et multiplie les voyages : dans le sud de la France, en Écosse, en Sicile, retrouvant Chamonix et Grindelwald chaque été. Et il peint partout, comme le montre l'exposition.

Il se prend aussi de passion pour la photographie et son sens du cadrage fait merveille. En peinture comme en photo, l'artiste a toujours cherché à capter les effets météorologiques, à refléter les jeux de l'ombre et de la lumière, à reproduire les cieux tourmentés et leurs habitants, les nuages. En profonde empathie avec la nature, Loppé, portraitiste de la haute montagne, exalte les atmosphères fugitives. ■

À voir

- Exposition *Gabriel Loppé, artiste, alpiniste et voyageur*, fort de Bard, Vallée d'Aoste. Jusqu'au 1er mai 2024. Une publication l'accompagne.

LES ACTUS

EXPOSITIONS RENCONTRES LIVRES

Le photoreporter suisse Ernst Scheidegger (1923-2016) a notamment posé son regard sur les artistes de son temps. Comme ici, lorsqu'il immortalise, en 1947 à Zurich, la construction de la version en plâtre de *Continuité*, première grande sculpture de Max Bill (sculpteur et architecte suisse, tenant de « l'art concret ») ; laquelle sera d'ailleurs vandalisée l'année suivante... Le Kunsthaus de Zurich consacre une grande exposition en hommage à l'un des plus grands photographes suisses du siècle dernier.

Fondation Ernst Scheidegger-Archiv, Zurich.

Multilinguisme helvétique (allemand, français, italien et anglais) sur les pistes de Zermatt.
Photo : WiPhotoHunter / Shutterstock.

Ces actus de *L'Alpe* ont été coordonnées et rédigées par Lucille Vachon, sauf mention contraire. Vos informations sont désormais à envoyer à lucille.vachon@glenat.com.

PARIS

LES ALPES, UNE FRONTIÈRE ?

Le musée des Plans-Reliefs de Paris consacre une exposition à ceux des Alpes, assortie d'un catalogue de 72 pages. Justement dénommée *Les Alpes, une frontière ?*, celle-ci montre que les Alpes, comme les Pyrénées, sont aussi des lieux de passage, d'échanges et d'affrontements entre les pays. Deux plans-reliefs remarquables sont présentés : celui des communes fortifiées de Mont-Dauphin (Hautes-Alpes, 1709) et de Fenestrelle (Piémont, 1757).
Ces superbes maquettes (3,42 x 2,90 x 0,45 m pour Mont-Dauphin ; 1,45 x 4,50 x 1,40 m pour Fenestrelle), sorties des réserves du musée pour l'occasion, sont exceptionnelles. Une réflexion est en cours pour pouvoir les présenter de manière permanente. On les verrait bien à Grenoble, dont le plan-relief, de 8,2 x 7,25 m, figure également dans les réserves du musée parisien ! ▼

PHILIPPE DROUIN

Jusqu'au 8 janvier 2024.
museedesplansreliefs.culture.fr

Plan-relief du Mont-Dauphin (France, Hautes-Alpes, 1709).
Photo : musée des Plans-Reliefs, G. Froger.

ZURICH ▲

LA SUISSE PAYS DE LANGUES

Avec quatre langues nationales officielles, plusieurs dialectes, divers argots et nombre d'idiomes étrangers, la Suisse est sans conteste un pays polyglotte. Un sujet passionnant donc, mais pas simple à illustrer ! À *L'Alpe*, notre intérêt pour le thème des langues alpines s'est toujours heurté à la problématique de l'iconographie... Mais contrairement à l'imprimerie, la muséographie a l'immense avantage de pouvoir adjoindre le son à l'image. Aussi le Musée national suisse ne s'en est-il pas privé dans cette passionnante présentation où les visiteurs, munis d'un casque, évoluent dans une scénographie sonore originale qui emprunte à la technologie du jeu vidéo et fait intervenir deux personnages fictifs. C'est donc au travers de leurs dialogues (sur un script imaginé par l'humoriste romand Vincent Kucholl) et d'interventions de trois autres personnes que l'on comprend la manière dont les langues, qui façonnent les mentalités et les cultures, peuvent créer des conflits, évoluer ou disparaître, et sont le fruit des complexités de l'histoire et des subtilités de la politique. Par exemple, comment la Réforme a-t-elle exercé une influence linguistique dans le pays ? Pourquoi les dialectes romands ont-ils presque disparu alors que le *schwyzerdütsch* domine largement ? Pourquoi existe-t-il un *röstigraben* (« le fossé du rösti », ou fossé culturel) entre Haut-Valais germanophone et Bas-Valais francophone ? Quelles sont les chances de survie du romanche, quatrième langue nationale parlée par seulement 0,5 % de la population (moins que le portugais ou l'albanais en Suisse...) ? Des locuteurs étrangers sont aussi conviés à faire partager leur expérience dans cette Babel foisonnante dont la visite est, bien sûr, disponible en français, allemand, italien, romanche... sans oublier l'anglais !

DOMINIQUE VULLIAMY

Jusqu'au 14 janvier 2024.
landesmuseum.ch

Vers 1949, Ernst Scheidegger surprend ce clown attendant l'heure de son entrée en scène au cirque Knie (une véritable institution nationale suisse vieille de 200 ans !). ◀
Fondation Ernst Scheidegger-Archiv, Zurich.

Une traversée de crevasse qui a bien de quoi donner des frissons à ces jeunes intrépides ! *Le glacier*, 1869. D'après un tableau de Joseph Brochart, lithographie Pierre Cottin, Goupil & cie.
Collection La Cure.

SAINT-GERVAIS ▲

FRISSONS

Inaugurée fin 2022, La Cure est un centre de culture et de découverte du patrimoine de la station haut-savoyarde, notamment de sa collection d'œuvres d'art alpines (plus de 2 000, récemment acquises) au travers d'expositions. C'est le cas avec *Frissons, paysages et scènes alpestres*, qui propose une première entrée dans le sujet en déclinant tableaux, estampes et photographies, faisant voisiner les Wibault, Abrate, Samivel ou Bouillette avec des artistes moins connus. La Cure abrite aussi un espace Kim En Joong (auteur des vitraux de l'église), un important fonds de livres de montagne et un espace convivialité (ateliers créatifs).

DOMINIQUE VULLIAMY

Jusqu'au 16 décembre 2023.
saintgervais.com

ZURICH

ERNST SCHEIDEGGER

Le centenaire de sa naissance offre l'opportunité de (re)découvrir celui que l'on considère comme l'un des plus grands photographes suisses du XXe siècle. Aussi peintre, éditeur et galeriste, Ernst Scheidegger (1923-2016) a collaboré avec l'agence Magnum, effectuant de nombreux reportages à travers le monde entier. Il a aussi magnifiquement photographié de nombreux artistes à l'œuvre, comme Joan Miró, Jean Arp ou Germaine Richier, et surtout son ami Alberto Giacometti, rencontré en 1943 à Maloja (Grisons). C'est à cette partie de son œuvre que s'attache l'exposition du Kunsthaus, avec des tirages des années 1940 à 1980.

DOMINIQUE VULLIAMY

Jusqu'au 21 janvier 2024.
kunsthaus.ch

EN BREF

Le temps

« De Dürer à Bonvici », le Kunsthaus de Zurich examine la notion de temps, ses instruments de mesure, les sentiments qu'elle génère et la manière dont les artistes s'en sont emparé de la Renaissance à nos jours.

Jusqu'au 14 janvier 2024.
kunsthaus.ch

L'arbre dessiné

La nouvelle exposition du fonds Glénat propose un foisonnement d'œuvres (esquisses, planches originales, carnets de croquis) sur le thème de l'arbre, de la main de grands maîtres de la bande dessinée (Sempé, Franquin, Joan Sfar, Chabouté...), mais aussi de « crayons » émergents issus de plusieurs pays alpins.

Jusqu'au 13 janvier 2024.
couventsaintececile.com

Forts des confins

Poésie et site militaire font-ils bon ménage ? Cette exposition au Musée départemental des Hautes-Alpes (Gap), fruit d'un travail de cinq années de l'auteur-photographe Michel Eisenlohr sur les forts des Alpes méridionales, en constitue la preuve... par l'image (photographique). L'occasion de (re)découvrir un pan important du patrimoine alpin : celui des forts, gardiens impassibles des montagnes.

Jusqu'au 7 janvier 2024.
museum.hautes-alpes.fr

Estivages

Si le photographe fribourgeois Romano Riedo n'est pas le premier à s'intéresser à la saison d'alpage, on ne boudera pas son plaisir devant ses images, menus gestes d'une tradition toujours à l'œuvre et beauté intemporelle des alpages. Au Musée gruérien qui présente aussi *Trésor des collections, 50 ans d'acquisition* (jusqu'au 28 avril).

Jusqu'au 14 janvier 2024.
musee-gruerien.ch

Musée
gruérien

VILLE DE
BULLE

RAIFFEISEN

« Chaque chose a sa place. Ces plantes placées avec précision […] incarnent […] les changements technologiques et culturels qui, depuis la fin des années 1950, ont transformé la Suisse en un vaste patchwork suburbain. »
Nicolas Faure, *The Order of Things*, Édition Patrick Frey, 2023.

Installation *Memories of Memories* devant le Ferdinandeum (Innsbruck), mêlant photos historiques de Gaston Paris et évocation des baraquements en bois du camp de dénazification de Schwaz, surnommé Oradour.
Photo : Maria Kirchner.

SION ▲

L'ORDRE DES CHOSES

Après le réseau autoroutier suisse, c'est aux jardins valaisans (ceux de la Noble Contrée, Crans-Montana et Fully) que s'intéresse Nicolas Faure dans cette exposition à la Ferme-Asile. Adoptant le point de vue extérieur du riverain, le photographe capte les compositions savamment orchestrées des jardins de propriétés privées, espaces lisières entre l'habitat et la rue ; le dedans et le dehors. Cette haie compacte qui se dresse au regard du passant abrite-t-elle une jungle intacte, parfaitement étrangère aux limites de la propriété, ou bien une nature domestiquée telle une nouvelle pièce à vivre ? On ne pourra que deviner ce qui se cache derrière l'ordre apparent. Le paysage sonore (bande-son minimale et installation vidéo) qui accompagne l'exposition renforce l'atmosphère d'étrangeté de ce travail sériel et quasi documentaire, lequel raconte, en creux, les préoccupations sociales des banlieues suisses.
En prolongement, on pourra feuilleter *The Order of Things*, ouvrage paru cette année aux éditions Patrick Frey qui rassemble une centaine de photographies argentiques de jardins paysagers dans le canton du Valais et en Romandie.

Jusqu'au 7 janvier 2024.
ferme-asile.ch

Fragments de faisselle, la Grande Rivoire, Sassenage (Isère), vers 4850-4400 av. J.-C.).
Coll. Musée dauphinois / département de l'Isère.

GRENOBLE

ALPINS, 7 000 ANS D'HISTOIRES

Il y a 7 000 ans, les premières communautés paysannes s'installent durablement dans les territoires d'altitude. Elles devront affronter le froid, la pente, l'isolement, les invasions successives… Vingt-cinq ans après *Gens de l'alpe*, l'exposition qui retrace cette histoire et avait accompagné le tout premier numéro de *L'Alpe*, le Musée dauphinois rénove son parcours de référence sur la vie des communautés alpines. Trois ans de gestation furent nécessaires à cette nouvelle exposition de 700 m^2, servie par une scénographie audacieuse (cartels numériques, carte en relief animée, ambiance sonore) et une approche pédagogique spécialement adaptée au jeune public. Depuis le Néolithique (les premiers éleveurs de la région ont été observés notamment à la Grande Rivoire, dans le Vercors) jusqu'aux mutations contemporaines, le propos se déploie autour de la question centrale de l'adaptation : comment les communautés alpines se sont-elles adaptées aux rudesses de la montagne ?
Par la technique, d'abord, répond le musée en présentant une riche collection d'objets artisanaux et ustensiles agricoles (bâtons de bergers finement ouvragés, sonnailles, trompe d'appel…). Mais aussi par le syncrétisme culturel, qu'incarne par exemple cette stèle du Queyras mêlant influence romaine et traditions populaires et sur laquelle est gravée une rosace (l'emblème graphique, nos lecteurs s'en souviendront, des premiers numéros de *L'Alpe*). Une adaptation par l'entraide, enfin. À travers cette multitude d'objets se devinent les portraits des montagnards tenaces et solidaires qui les ont fabriqués. D'autres leur succèdent aujourd'hui. Les dernières salles du parcours sont ainsi consacrées aux nouvelles générations de bergers et d'éleveurs, aux jeunes et aux familles qui repeuplent les villages de montagne et qui, par leurs préoccupations environnementales et sociales, font les Alpes de demain. Un nouvel éclairage, un quart de siècle après l'exposition d'origine, sur ces communautés de montagne qui ne cessent de se renouveler. ▼

musees.isere.fr

L'exposition de référence du Musée dauphinois, qu'accompagne le numéro 100 de *L'Alpe*, fait la part belle au jeune public et aux imaginaires de la montagne. Ces alpages bordant la Meije (Oisans) sont illustrés par Flore Hénocque.

TYROL ▲

MEMORIES OF MEMORIES

Réalisée par les musées du Tyrol (Innsbruck) et plusieurs institutions culturelles, couplant expositions et divers événements, cette manifestation a pour objectif de réveiller la mémoire oubliée du camp instauré par les nazis près de Schwaz en Autriche pour la production d'armement par des travailleurs forcés. Libéré par les forces d'occupation françaises en 1945, il fut baptisé Oradour et transformé en camp de dénazification. Installation photographique devant le Ferdinandeum, concerts, lectures, visites guidées et conférences, ce projet vise à *« interroger la force des souvenirs, collectifs et individuels »*.

DOMINIQUE VULLIAMY

Jusqu'au 28 janvier 2024.
tiroler-landesmuseen.at

SCHWYTZ

ANNE FRANK ET LA SUISSE

C'est en effet à Bâle (où s'installa le père d'Anne, Otto Frank, à son retour d'Auschwitz), que celui-ci s'employa à diffuser l'héritage de sa fille. Seul survivant, il rejoignit sa sœur, émigrée avant la guerre. Le Forum de l'histoire suisse dévoile l'histoire de la famille Frank dont une partie s'était réfugiée en Suisse face au péril nazi, tandis que l'autre restait piégée dans un grenier à Amsterdam. Objets, photos, documents (fonds Frank de Bâle et de Francfort), rappellent le destin tragique des Juifs d'Europe, exil et déportation mais aussi volonté d'en garder la trace. Un message de tolérance, d'autant plus puissant en ces temps tourmentés… ▼

DOMINIQUE VULLIAMY

Jusqu'au 7 janvier 2024.
forumschwyz.ch

Anne Frank dans les années 1930, alors que sa famille avait l'habitude de passer les vacances à Sils Maria, en Engadine (Suisse). Coll. Fonds Anne Frank Bâle.

EN BREF

Imprégnations

En résidence à Moly-Sabata, lieu unique sur les rives du Rhône à Sablons (Isère), Mélanie Berger présente une étonnante installation de dessins où les liquides (huile de lin, pigments, kaolin) continuent d'infuser et d'altérer le papier. Au musée Hébert (Grenoble).

Jusqu'au 7 janvier 2024.
musee-hebert.fr

Cervino

Cervino, la montagna leggendaria retrace la conquête et les ascensions de cette cime mythique par l'alpiniste, écrivain et cinéaste valdôtain Hervé Barmasse qui en a parcouru, en personne et en images, toutes ses faces et arêtes.

Jusqu'au 14 janvier 2024.
museomontagna.org

Le Mont-Blanc

Ce dernier volet de *L'Adieu des glaciers* (à l'initiative du fort de Bard) ausculte les glaces (fondantes…) du quatrième massif transfrontalier, considéré comme un véritable laboratoire (glaciologie, nivologie, géomorphologie, climatologie…), d'où une présentation très riche.

Jusqu'au 7 janvier 2024.
fortedibard.it

Être(s) ensemble

Le musée d'Ethnographie de Genève interroge notre lien au vivant à travers six histoires – dont celles d'un photographe animalier ou d'un éleveur de chiens truffiers dans le Piémont – et retisse, au fil de ces compagnonnages surprenants, les liens oubliés entre hommes, animaux et végétaux.

Jusqu'au 7 janvier 2024.
meg.ch

irresistible
ALPES DE HAUTE PROVENCE
CET HIVER,
JE SKIE !!!
PRA LOUP • LE SAUZE • SAINTE-ANNE • VAL D'ORONAYE-LARCHE
MONTCLAR • LE GRAND PUY • CHABANON-SELONNET •
VAL D'ALLOS
Retrouvez tous nos bons plans sur www.alpes-haute-provence.com
ALPES DE HAUTE PROVENCE
AGENCE DE DÉVELOPPEMENT
PraLoup
LE SAUZE
Val d'Allos
MONTCLAR

Prototype architectural de Genève proposé par l'équipe de Florian Hertweck dans le cadre de l'appel à projets « Visions prospectives pour le grand Genève 2050 ».
Illustration : Un Cinquième [5]e et Étienne Delgado.

JEAN-OLIVIER MAJASTRE

Jean-Olivier Majastre vient de nous quitter. Sous une apparence de dilettante se cachait un homme profond, exerçant avec une rare acuité un regard d'anthropologue sur les sujets les plus éclectiques. Des cimetières aux vaches, du contenu des sacs de femme au corps et, bien sûr, de l'art à la montagne, etc., se décline une œuvre inclassable que la personnalité de son auteur, parfois fantasque, ne saurait masquer. Séducteur, jouant de son léger bégaiement, il était très écouté et retenait toujours l'attention de ses auditeurs. Pratiquant un humour jamais loin de la dérision, il proposera une exposition sur les vélos pillés dans la ville de Grenoble (*Carcasses*), publiera une étude sur les statues de la Vierge installées sur les sommets des Alpes, comme il contribuera à promouvoir une galéjade : l'existence d'un chercheur italien à son image (Gian Ansaldo) que des sociologues complices vont être amenés à citer dans leurs travaux les plus sérieux. Passionné par l'alpinisme, il a été l'initiateur de nombreuses vocations et se rapprochera des guides professionnels, auxquels il consacrera une étude sociologique. La pratique de la montagne sera en effet l'un de ses bonheurs les plus constants, qu'il aura toujours plaisir à partager avec ses amis. Proche des politiques et études patrimoniales, il assurera longtemps un rôle de conseiller scientifique auprès du Musée dauphinois (notamment pour l'exposition *La Différence*) et de la revue *Le Monde alpin et rhodanien*, comme il donnera plusieurs contributions à la revue *L'Alpe*.

JEAN GUIBAL

1, 2, 3... SOLEIL !

LA FÊTE DU TARLUC

Saison rude et sombre en pays de montagne, l'hiver a généré nombre de légendes et de festivités liées au retour espéré du soleil et de la belle saison. Il se fait bien chiche, en effet, dans les vallées alpines aux alentours du solstice d'hiver. Aussi sa remontée a-t-elle toujours été joyeusement célébrée (voir le numéro 10 de *L'Alpe*, « Fêtes d'hiver »). La période hivernale, dépourvue de travaux agricoles, offrait par ailleurs des moments chaleureux, la communauté villageoise se retrouvant pour des veillées émaillées de récits et de chansons.

Le cas de Pontebernardo, dans la vallée Stura (Piémont) est original : de fin novembre à février, le village est éclairé par... deux soleils ! Le premier se lève le matin, d'un côté du mont Ubac, avant de disparaître derrière le mont pour laisser réapparaître le second, de l'autre côté, dans l'après-midi. Un phénomène appelé « tarluc » en langue occitane (du latin *inter lux*), qui ouvre une période festive portée par l'écomusée Pastorizia (consacré au pastoralisme, si important dans la région), et dont la tradition perdure dans les communes de cette haute vallée. Entre Noël et l'Épiphanie, la « Festo dou Tarluc » se traduit par des concerts de musique traditionnelle, des danses, des promenades goûteuses. Ainsi qu'une journée de tonte des moutons, attraction fort appréciée qui s'accompagne d'une distribution de pains en forme d'agneau (*anhel de pan*) et d'ateliers autour de la laine (provenant de la race ovine locale, la sambucana). La fête du Tarluc aura lieu cette année le samedi 6 janvier 2024, suivi le 7 par une excursion musicale à Sambuco. Auparavant, on peut assister à un concert de musique occitane lors de la messe de Noël à Pontebernardo (24 décembre 2023), où est aussi organisée (le 30) une excursion avec dégustation de produits locaux sur les sentiers de l'écomusée (lequel mérite largement la visite) ainsi qu'un concert de l'Épiphanie (5 janvier), tandis que le village de Bersezio propose une excursion musicale la veille. ▼

DOMINIQUE VULLIAMY

visitstura.it • ecomuseopastorizia.it

À Pontebernardo, dans le val Stura (Piémont), tout est bon pour célébrer ce soleil « double » hivernal qui fait des clins d'œil aux habitants des deux côtés de la montagne. À commencer bien sûr par la musique, comme ici dans l'église du village !
Photo : Miriam Rubeis.

◂ RÉPARER LE FUTUR

... La prospective, ou l'art d'imaginer demain. À l'occasion de cette exposition accueillie par l'Îlot-S (Annecy), le CAUE Haute-Savoie ouvre une large réflexion sur la métropole alpine de demain. Depuis *L'Utopie* de Thomas More en passant par Jules Verne, la prospective s'appuie sur l'histoire des représentations urbaines pour apporter une réponse concrète à l'urgence climatique – exacerbée, comme on sait, en territoire alpin. Les habitants du Grand-Annecy sont donc invités non plus à fantasmer mais à projeter leur ville idéale, et ce à travers une riche programmation culturelle et citoyenne au premier trimestre 2024 : spectacles, ateliers de conversations utopiques (les « 2030 Glorieuses »), série de podcasts « No(s) futurs » ou cycle de rencontres sur la ville de demain. Une invitation bienvenue à renouer le dialogue entre les experts de l'aménagement du territoire et ceux qui l'habitent.

ilot-s.caue74.fr
Jusqu'au 2 mars 2024.

200 ANS !

C'est l'anniversaire que fête le Ferdinandeum (du nom de l'archiduc Ferdinand Ier), ce musée régional du Tyrol, à Innsbruck. Fondé en mai 1823, installé dans un édifice construit à cet effet, il fut vite agrandi pour accueillir des collections ne cessant de s'enrichir : histoire, art, artisanat, musique, sciences naturelles, techniques et riche bibliothèque. En regroupant, en 2007, le Ferdinandeum avec d'autres institutions d'Innsbruck, la société d'exploitation des musées a constitué le plus grand ensemble de collections régionales d'Autriche, offrant une vision interdisciplinaire sur l'histoire et la culture du Tyrol, sans occulter les problématiques contemporaines et transnationales. Podcasts (en allemand) et articles sur le site. ▶

DOMINIQUE VULLIAMY

tiroler-landesmuseen.at

Ubayens au Mexique, XIXe-XXe siècle. Photographie anonyme. Coll. particulière.

EN BREF

Eugène Lions ▲

Aux archives départementales des Alpes-de-Haute-Provence, Hélène Homps et Jean-Christophe Labadie retracent, le temps d'une conférence, l'épopée industrielle de ce Barcelonnet parti à quatorze ans pour le Mexique et qui, une fois sa fortune faite, revint construire l'une des fameuses « villas mexicaines » dans sa vallée natale.

Le 14 décembre 2023.
archives04.fr

Musée international de la Réforme

À Genève, le Musée international de la Réforme a rouvert ses portes après deux ans de rénovation. Outre la nouvelle entrée sur la cour Saint-Pierre, on y découvre une scénographie revisitée (interactive et colorée !) du parcours permanent sur l'histoire de la Réforme.

musee-reforme.ch

Spot

Grâce à la nouvelle plateforme de sciences participatives du CREA Mont-Blanc, on peut compter les pontes de la grenouille rousse, tenir un journal d'hiver ou encore signaler sa rencontre avec une plante remarquable. De précieuses observations qui contribueront aux protocoles scientifiques pour la recherche en écologie alpine.

spot.creamontblanc.org

Bâtiment imposant au cœur d'Innsbruck, le Ferdinandeum (ici vers 1910) n'a cessé d'enrichir ses collections.
TLM Bibliothek.

LE DÉPARTEMENT DE L'ISÈRE
PRÉSENTE

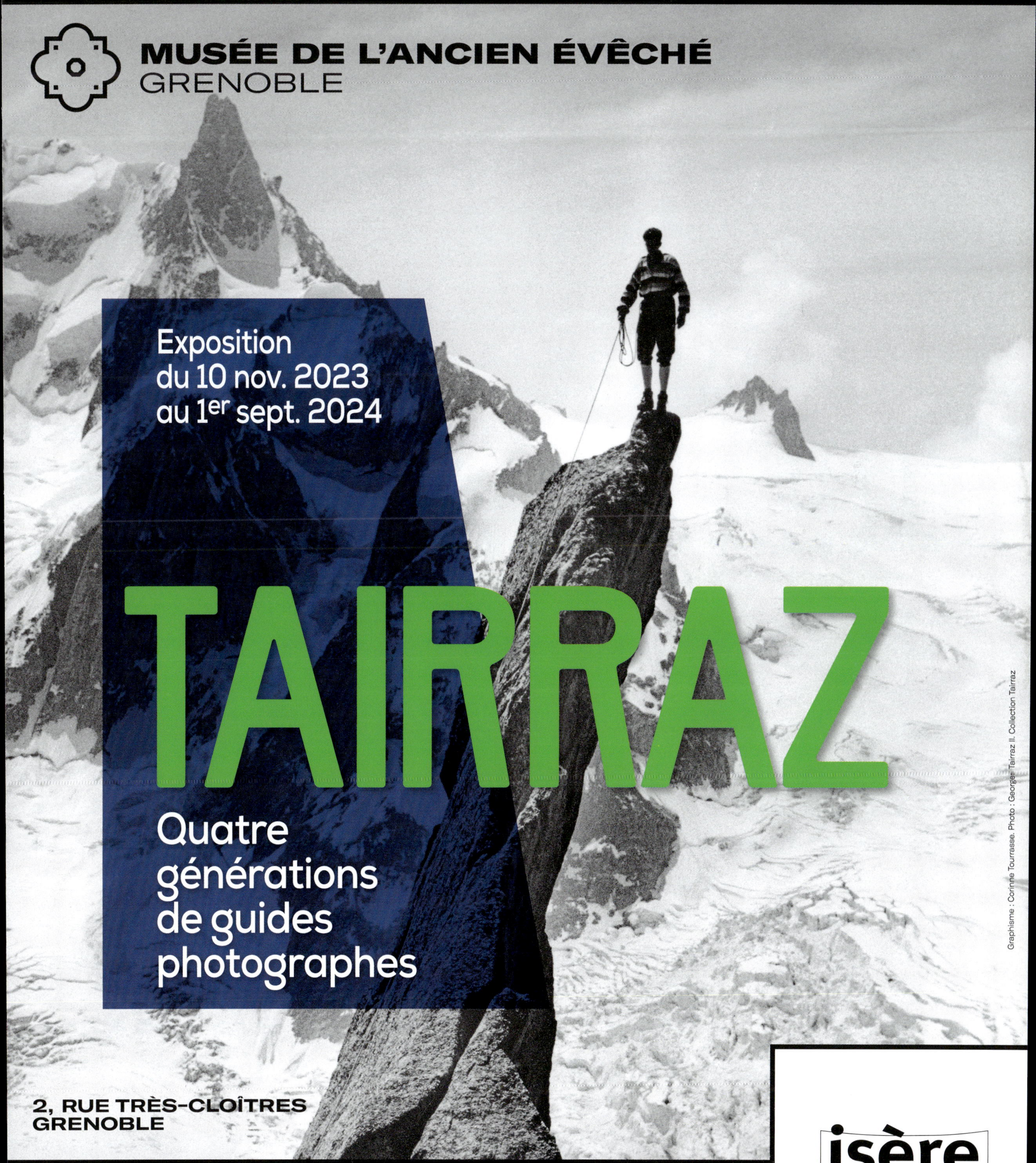

isère
LE DÉPARTEMENT

ENTRÉE
GRATUITE

DANS LES 11 MUSÉES
DU DÉPARTEMENT DE L'ISÈRE
musees.isere.fr

Entre mer et montagne, le bâtiment du MuCEM (un carré parfait) semble avoir été posé sur l'ancien môle portuaire. Photo : Cyrille Weiner / Mucem.

La compagnie des Non Alignés défend un théâtre de proximité, avec plusieurs représentations nomades et adaptées au « tout terrain ». Photo : Alain Doucé / cie Les Non Alignés.

MUCEM ▲

Le MuCEM a 10 ans ! Inauguré en 2013, ce « grand musée bleu » est en fait bien plus âgé puisqu'il est l'héritier du musée d'Ethnographie du Trocadéro (1878-1936) et du musée national des Arts et Traditions populaires. C'est Rudy Ricciotti, architecte français d'origine italienne, qui en conçoit les plans : à la fois tourné vers la ville et ouvert sur la mer avec ses darses et les jeux de lumières de sa façade en arabesques de béton, le bâtiment allie prouesse technique, esthétique minérale et valorisation du site fortifié. Aujourd'hui, le MuCEM oriente sa programmation vers les civilisations d'Europe et de Méditerranée, mais aussi vers des enjeux plus contemporains comme la préservation de la biodiversité marine. Un dixième anniversaire, donc, fêté tous azimuts entre grandes fêtes, colloques et expositions inédites.

Jusqu'en juin 2024. mucem.org

LE CHALET VALLOT

L'observatoire construit par Joseph Vallot en 1890 sur le mont Blanc se doublait d'un autre observatoire, situé à Chamonix même et qui, aujourd'hui, abrite le Centre de recherche sur les écosystèmes d'altitude (CREA Mont-Blanc, association de recherche scientifique participative sur le climat et la biodiversité dans le massif). Sélectionné par la mission Patrimoine 2023, le chalet Vallot va ainsi pouvoir venir à bout d'un grand projet de réhabilitation comportant accueil du public et adjonction d'un bâtiment mieux adapté à la recherche. ▶

DOMINIQUE VULLIAMY

creamontblanc.org

ANNIVERSAIRE

MUSÉE DE LA RÉVOLUTION FRANÇAISE

Sait-on que la Révolution française a débuté dans le Dauphiné ? Deux événements majeurs font date : la journée des Tuiles le 7 juin 1788 à Grenoble, et l'assemblée des trois ordres du Dauphiné, le 21 juillet suivant, dans la salle du jeu de Paume du château de Lesdiguières, à Vizille. Déjà, certains principes fondateurs de la Révolution y sont énoncés : doublement de la représentation du tiers, vote par tête, refus de l'impôt…

Depuis son installation en 1984 dans le château de Lesdiguières, au pied de la route Napoléon et aux confins des massifs de Belledonne et de l'Oisans, le musée de la Révolution française s'attache à constituer une collection unique au monde autour de cette période clé de l'histoire française. Son originalité ? Témoigner de la Révolution française par le biais de l'art (peintures, sculptures, objets d'art, mobilier). Loin d'être de simples illustrations des événements, les œuvres proposées permettent au visiteur de mieux pénétrer l'esprit de l'époque. Aujourd'hui, l'extraordinaire collection de ce musée (classé « Musée de France ») rassemble près de 7 000 œuvres d'art, comme autant de points de vue sur la période révolutionnaire. Le musée se veut également un lieu d'étude, avec le centre de recherche Albert Soboul qui rassemble 27 000 ouvrages dédiés à la Révolution, accessibles aux chercheurs et étudiants… Sans oublier le public, qui sera invité à (re)découvrir le musée avec des événements festifs tout au long de l'année 2024. Au programme : expositions, spectacles, visites théâtralisées… Quarante ans, ça se fête ! ▼

musees.isere.fr

Le domaine du château de Vizille est prisé des Isérois pour son parc labellisé « Jardin remarquable » et sa réserve animalière. Photo : Département de l'Isère / domaine de Vizille.

Astronome, géographe, alpiniste, Joseph Vallot (1854-1925) décide lors de son ascension du mont Blanc en 1881, de faire construire un observatoire sous le sommet afin d'effectuer des observations scientifiques en altitude, mais aussi un laboratoire à Chamonix, aujourd'hui très fréquenté des chercheurs du monde entier. Coll. Musée alpin Chamonix.

MORT D'UNE MONTAGNE ▲

Dans le massif imaginaire des Hautes-Aigues, le petit village de Rochebrune est en alerte. Une voie d'accès au mythique sommet de la Grande Reine s'est effondrée. Les acteurs du territoire, incarnés par trois membres d'une même fratrie – l'aîné, guide de haute montagne ; la cadette, gardienne de refuge ; le plus jeune, chargé de mission à la transition climatique – se mobilisent aussitôt. Et s'écharpent. Quel avenir pour le massif et ses habitants ? Ce spectacle de Jérôme Cochet et François Hien (cie Les Non Alignés) est le fruit d'une résidence créative dans le massif de Belledonne (Isère) menée avec l'association Scènes obliques. L'écriture est donc nourrie d'une vraie démarche de terrain – à laquelle ont été conviés chercheurs, public et professionnels de la montagne –, ce qui n'ôte rien à la poésie du texte, qui vient par ailleurs d'être publié aux éditions Libel et de remporter le prix du Livre Pyrénéen. Deux heures durant, la pièce balaie des siècles de querelles montagnardes et soulève des questionnements sensibles sur la filiation et le renoncement. La « mort » dont il est ici question serait alors celle d'un certain *usage* de la montagne… Laquelle, en fin de compte, demeure souveraine. Plusieurs dates prévues en Auvergne-Rhône-Alpes (Modane, Sallanches, Seyssins, La Tour du Pin…).

Jusqu'en avril 2024.
lesnonalignes.com

EN BREF

Les Flottins

Chaque Noël, la ville d'Évian se peuple d'une centaine de personnages merveilleux, sculptés à partir du bois flotté du Léman, dans une ambiance délicieusement populaire (feux follets, père Noël en goguettes, grand bal…).

Du 15 décembre 2023 au 7 janvier 2024.
lesflottins.com

Genève, une ville imaginaire ?

Profitant d'un projet de rénovation de ses bâtiments, le musée d'Art et d'Histoire de Genève ouvre un cycle de conférences thématiques sur le positionnement muséal. La prochaine conférence imagine la ville de Genève en 2050 : quelle place pour le musée ?

Le 27 février 2024.
mahmah.ch

Lire les montagnes

Le festival présente cette année encore une mosaïque d'événements (projections, conférences, lectures poétiques, randonnées guidées…) pour célébrer les littératures alpines par-delà les frontières.

Décembre 2023.
alpconv.org

Sandra Lavorel

… vient de décrocher la prestigieuse médaille d'or du CNRS pour ses travaux pionniers en écologie fonctionnelle, notamment au jardin botanique du Lautaret (Hautes-Alpes). Bravo ! ▼

cnrs.fr

Dans ces mini-serres au col du Lautaret, Sandra Lavorel reproduit les effets du changement climatique sur les végétaux de montagne. Photo : Hubert Raguet / LECA / CNRS Images.

LE DÉPARTEMENT DE L'ISÈRE
PRÉSENTE
MAISON BERGÈS
VILLARD-BONNOT
Gustave
Eiffel
L'ingénieux ingénieur
EXPOSITION
30 SEPT 23
3 MARS 24
40 AVENUE DES PAPETERIES
38190 VILLARD-BONNOT
04 38 92 19 60
Conception graphique J.-J. Barelli et Nathalie Gremeaux-Tragni - Photo © Musée d'Orsay, Dist. RMN-Grand Palais, Alexis Brandt
isère
LE DÉPARTEMENT
ENTRÉE
GRATUITE
DANS LES 11 MUSÉES
DU DÉPARTEMENT DE L'ISÈRE
musees.isere.fr

L'ARCHITECTURE À GRENOBLE

Les Grenoblois n'ont jamais considéré que leur ville était une cité patrimoniale, fût-elle labellisée « d'art et d'histoire ». S'il est difficile de leur faire prendre en considération le baptistère des premiers temps chrétiens, que sera *a fortiori* l'attention qu'ils pourront porter au patrimoine contemporain ? Le grand avantage de cet ouvrage est de mettre en valeur quelques-unes des réalisations (près de deux cents tout de même !) qui présentent un réel intérêt. En deux volumes réunis dans un élégant coffret, architectes et spécialistes reconnus du patrimoine nous dressent cet inventaire des constructions les plus significatives d'une période de grande croissance pour la ville, de 1880 à 1990, incluant donc les deux moments les plus féconds en matière d'urbanisme et d'architecture que furent les mandats de maire de Paul Mistral et de Hubert Dubedout. Cet ouvrage réconciliera-t-il les Grenoblois avec leur patrimoine contemporain ? On veut l'espérer.

JEAN GUIBAL

Par Philippe Grandvoinnet, Bénédicte Chaljub et Hubert Lempereur, Presse universitaires de Grenoble, 2 vol., 192 et 260 pages, 29 €.

CARNETS DE MARCHE

FRAGMENTS D'UNE MONTAGNE

En naviguant dans cet ouvrage, les lecteurs de *L'Alpe* seront en terrain connu, tant les thèmes abordés font écho à des articles de la revue. L'auteur, Nicolas Nova, anthropologue, professeur à la Haute-École d'art et de design de Genève, s'inscrit d'emblée dans la longue lignée des écrivains et scientifiques voyageurs, qui relatent leur grand tour dans les Alpes, à l'instar de l'incontournable Horace Bénédict de Saussure. Suivant un mouvement de spirale, sept ans durant, Nicolas Nova a sillonné l'arc alpin, séjournant plus longuement en Suisse, dans le Valais notamment. Ce sont toutes ses impressions de voyage, réflexions, anecdotes qu'il reprend ici. Cela commence par le récit délicieux de la découverte, au musée de la Fondation Beyeler près de Bâle, d'une canette d'« air alpin » (à ne pas ouvrir) et se poursuit par la rencontre d'une Sino-Américaine qui voudrait visiter les Alpes en une demi-journée, comme on parcourt les salles d'un château.

À travers les nombreuses évocations de contes et légendes, on discerne une certaine appétence de l'auteur pour le fantastique alpin, les Alpes ayant nourri le *Frankenstein* de Mary Shelley, le *Seigneur des anneaux* de Tolkien ou servi de décor à *Star Wars* ou à des jeux vidéo. Et si l'arc alpin était *« l'infrastructure des imaginaires contemporains »* ? Une réelle inquiétude pour le devenir des paysages alpins ressort également de ses notes de terrain. On y croise des touristes, amateurs de catastrophes, qui veulent être les derniers à avoir photographié des langues glaciaires, des membres d'une ONG en train d'organiser des funérailles pour le glacier du Pizol dans le canton de Saint-Gall ou bien encore des allumeurs de feux sur les hauteurs de Bohinj, en Slovénie, qui souhaitent créer avec des Allemands, des Autrichiens, des Italiens, une *« chaîne de lumière de part en part de l'arc alpin pour protester contre le réchauffement climatique »*.

De ces fragments, légers et profonds, drôles, sombres et amers à la fois, se dégage l'image des Alpes en incessantes métamorphoses. Celle d'un massif hyper aménagé, transformé en *« techno-paysage »*, en *« montagne-machine »*. Mais ces Alpes abritent aussi un *« archipel d'initiatives »* visant à mieux cohabiter. Espérons avec l'auteur que les plus fertiles d'entre elles l'emportent.

SOPHIE BOIZARD

Par Nicolas Nova, Le Pommier, 102 pages, 18 €.

PAR MONTS ET PAR VAUX

« Pèlerin de la montagne », c'est ainsi qu'André Pitte, papa de cette revue, nommait amicalement Martin de la Soudière. Évoquant alpages, cols, piémonts, sommets, neiges et vallées, le nouvel opus de l'ethnologue arpenteur chemine sur les sentiers des Alpes, du Massif central et de ses chères Pyrénées. Mosaïque de motifs paysagers, ce petit abécédaire nous invite à suivre l'auteur, le nez au vent. Un vagabondage géopoétique, digressant çà et là, butinant avec bonheur des extraits de texte de ceux qui l'ont devancé sur ces chemins : géographes, ethnologues, écrivains, poètes. Autant de pas de côté qui permettent au lecteur d'entrer en paysage et d'y voyager au fil des souvenirs, d'enquêtes de terrain et de randonnées où le géographe amoureux des lieux ordinaires et de ces pays qui ont *« un retard d'avance »* perce sous l'ethnologue. Quand ce n'est pas l'enfant, dont on entend les émerveillements intacts et joyeux. Dans notre numéro 51, on relira aussi son facétieux inventaire de l'hiver. Un abécédaire, déjà.

GUILLAUME LEBAUDY

Par Martin de la Soudière, Anamosa, 224 pages, 20 €.

CONTES ET LÉGENDES SUISSES

Denis Kormann nous enchante en cette fin d'année. Après avoir exploré les forces puis les esprits de la nature alpine, il raconte, dans ce troisième tome, des histoires de personnages à mi-chemin entre mythe et fantastique. À travers des êtres légendaires qui ont marqué l'imaginaire national, c'est un héritage culturel qu'il met joliment en scène. On y trouve ainsi Guillaume Tell âgé sauvant un enfant, saint Meinrad, fondateur du monastère d'Einsiedeln, le roi des ours à l'origine de Berne, la vieille Schmidja accueillant les âmes errant sur le glacier d'Aletsch, les femmes de Gruyères ou encore un précurseur du Ranz des vaches. Le grand format de l'ouvrage permet à l'illustration de déployer toute sa magie, renforçant le plaisir enfantin de retrouver ces légendes ancrées dans l'identité helvétique.

DOMINIQUE VULLIAMY

Par Denis Kormann, éditions Helvetiq, 112 pages, 25 €.

LES SILENCES

Des silences et des secrets, la Suisse en a connu… Dont celui, tardivement avoué, des milliers d'enfants placés de force chez des paysans jusqu'aux années 1960, main-d'œuvre taillable et corvéable, souvent maltraitée et violentée. Comme Ida, 13 ans, au cœur de ce huis clos rural (frôlant le polar) où secrets et non-dits sous-tendent les relations sociales de montagnards taiseux, dans une atmosphère pesante. L'histoire, en deux parties, propose habilement un double regard (celui de l'adolescente puis celui de villageois), creusant ainsi peu à peu tensions et zones d'ombre que la présence d'Ida fait remonter à la surface. Le Tessinois Luca Brunoni reconstitue avec bonheur l'ambiance et le quotidien d'un village des Alpes alémaniques dans les années 1950 dans un roman puissant, qui n'est pas sans évoquer Ramuz.

DOMINIQUE VULLIAMY

Par Luca Brunoni et Joseph Incardona (trad.), éditions Finitude, 256 pages, 19 €.

LE DÉPARTEMENT DE L'ISÈRE
PRÉSENTE

MUSÉE DAUPHINOIS
GRENOBLE

EXPOSITION
À PARTIR DU 11 OCTOBRE 2023

Alpins

7000 ans d'histoires

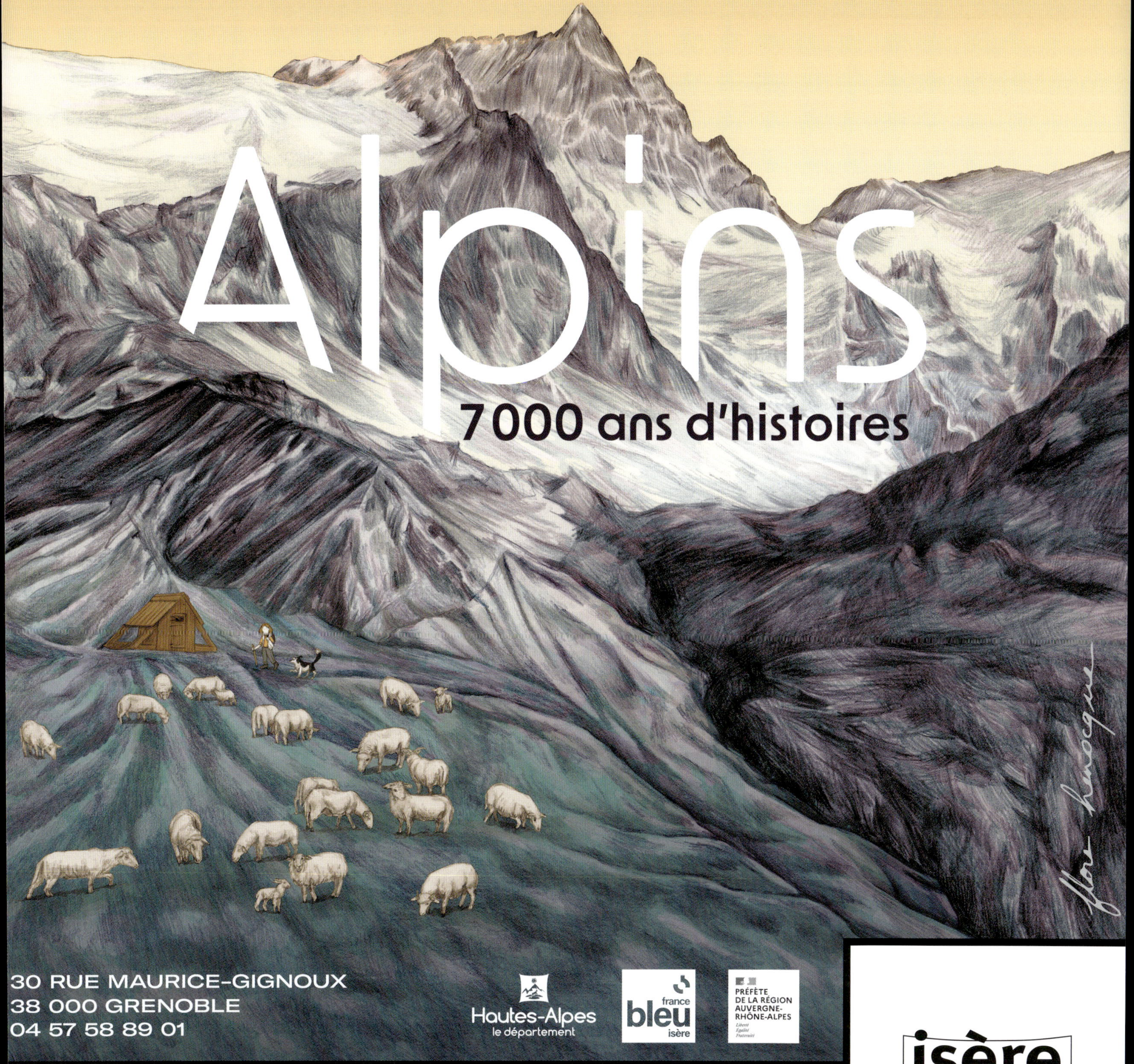

30 RUE MAURICE-GIGNOUX
38 000 GRENOBLE
04 57 58 89 01

Hautes-Alpes le département

france bleu isère

PRÉFÈTE DE LA RÉGION AUVERGNE-RHÔNE-ALPES

isère LE DÉPARTEMENT

ENTRÉE GRATUITE

DANS LES 11 MUSÉES
DU DÉPARTEMENT DE L'ISÈRE
musees.isere.fr

LES PARADIS INACCESSIBLES

« J'ai toujours détesté me lever tôt... », grommèle-t-il d'entrée. Il est vrai que sa journée eût été plus paisible s'il avait paressé au lit. Tombé dans une crevasse qui se révèle être une faille spatio-temporelle, un alpiniste chanceux assiste, éberlué, à la première ascension du mont Aiguille (1492), du mont Blanc (1786), du Cervin (1865) et de l'Everest (1953). Destinée au jeune lectorat et servie par un graphisme clair, la nouvelle bande dessinée de Nicolas Julo s'avère bien documentée, en dépit de menus anachronismes (l'usage des mots « cairn » et « bivouac » en des siècles où ils n'existaient pas encore). Un album empli de bonhomie souriante, de gentille fantaisie... et d'incessants chassés-croisés.

JEAN-LOUIS ROUX

Par Nicolas Julo, éditions Mosquito, 128 pages, 23 €.

LA MONTAGNE DE MA PEUR

Alpiniste, écrivain, l'Américain David Roberts (mort en 2021) est l'auteur de nombreux ouvrages, dont le pavé dans la mare que fut, en 2000, *Annapurna, une histoire de cordée* (Guérin) qui révélait les dessous (glauques) de cette première française. Un goût de l'écriture qui remonte à son premier récit, enfin traduit en français, celui de son ascension, en 1965 avec trois autres étudiants, de la face ouest du mont Huntington, en Alaska. S'il s'agit du récit classique, écrit d'une plume acérée, d'une ascension aventureuse en un lieu sauvage et hostile, la disparition d'un membre de l'équipe à la descente pousse le jeune auteur (22 ans à l'époque) à s'interroger sur son besoin vital de gravir les montagnes malgré les risques, et à tenter de saisir ses motivations, ses sentiments (et ceux de ses compagnons), le vécu de ces journées et le sens d'une ascension certes couronnée de succès... mais à quel prix ?

DOMINIQUE VULLIAMY

Par David Roberts, éditions Nevicata, 160 pages, 19 €.

ODE AU SAUVAGE

ET VOUS PASSEREZ **COMME DES VENTS FOUS**

Quand on a une expertise scientifique sur un sujet, il est probable qu'on lise tout roman abordant celui-ci (ici, le pastoralisme montagnard) avec un regard sans complaisance. Disons-le d'emblée, en accompagnant bergères et bergers dans les estives des Pyrénées ariégeoises, Clara Arnaud a effectué une remarquable enquête sur leur vie, ses difficultés et ses enjeux. Cette qualité documentaire ne nuit en rien à la fiction du roman. Le travail d'archives est imperceptible quand elle évoque les *orsalhers*, ces montreurs d'ours en Ariège, à travers la figure de Jules Piquemal que l'on suit dans son itinéraire de saltimbanque jusqu'aux Amériques. Avec l'ours, c'est la question de notre rapport au sauvage qui est au cœur de ce roman et, au-delà, ce qu'est la montagne en proie à la déprise, au dérèglement climatique et aux tensions dues à la coexistence complexe entre communautés humaines et grands prédateurs. Clara Arnaud parvient à *« décaler le regard sur la montagne, une montagne qui ne serait* [...] *pas un ennemi à vaincre ou un terrain de jeu, non plus un univers bucolique, mais un écosystème complet, une puissance vivante, vibrante, un espace métaphorique, où la liberté se renégocie chaque jour »*. Et c'est sans doute ce qui fait la force de ce roman dont le récit solidement mené traduit la fragilité de ses personnages et du milieu dans lequel ils vivent. Outre la relation avec l'ours, cette *« vieille âme »* qui évolue *« entre les mondes »*, tantôt vénéré, tantôt haï, c'est la place de l'humain qui est questionnée. Dans ce récit en tension permanente hanté par *« la possibilité de la chute »* et de la mort, la lumière vient du personnage d'Alma, la jeune éthologue du Centre national de la biodiversité, passionnée, entêtée, infatigable passeuse du langage des ours et d'une montagne dont la beauté tragique recèle aussi un message d'espoir.

GUILLAUME LEBAUDY

Par Clara Arnaud, Actes Sud, 384 pages, 22,50 €.

LE COIN DES **LIBRAIRES**

HORS SAISON

Contrairement à ce que le titre pourrait laisser supposer, l'histoire se déroule bien pendant la saison d'hiver, dans une petite station des Alpes dont on ne connaîtra pas le nom. C'est l'hiver, mais il ne neige pas... Chacun attend *« l'or blanc »*. Et pour cause : la neige représente la survie de toute une économie liée à la venue des skieurs. Pour Yann, qui ne connaît que la mer et passe là son premier hiver comme saisonnier, c'est un moment hors du temps, à la rencontre de lui-même. Il a laissé derrière lui une route toute tracée, une fille qu'il pense aimer, sa famille, des études prometteuses, pour venir dans cet endroit inconnu. Il y a trouvé Hans, qui le fascine, Joachim, un ami inattendu, et tout un univers où le ski est garantie de survie. Que deviendra ce microcosme si la neige ne tombe pas ? Ce premier roman, intime et beau, est à la fois classique, par son écriture maîtrisée, et moderne, par ses personnages ancrés dans leur époque. Certains lecteurs y trouveront une histoire d'amour, d'autres une ode à la beauté des sommets ou encore un manifeste écologique. Une telle richesse est sans aucun doute la marque d'un grand roman dans un milieu peu représenté en littérature, celui des saisonniers.

VIOLAINE SOUILLER, librairie des Bauges (Albertville)

Par Basile Mulciba, Gallimard, 192 pages, 19,50 €.

UN MODERNISME OLYMPIQUE

C'est un pari difficile que relève Lionel Catelan. Célébrer un geste architectural utopique, tout en montrant comment il a traversé le temps et révélé alors ses meurtrissures. C'est en effet dans un élan inouï que s'est dressée pour les Jeux de 1968 une ville nouvelle. Un modernisme qui n'est pas que formel. Il ne s'agit pas seulement de se mesurer aux montagnes, on veut expérimenter socialement, politiquement. Qu'en reste-t-il, cinquante ans après ? Lionel Catelan déambule dans ce Grenoble des J.O., l'inventorie par la photographie. Dans une sorte de catalogue, faisant penser à la démarche des topographes allemands, les Becher, ou celle d'Éric Tabuchi et Nelly Monnier avec leur projet « Atlas des régions naturelles », il confronte ses images à celles, promotionnelles, de l'époque. Et c'est là toute la force de ce livre, l'écart n'est pas nostalgie ou ironie, mais proposition. Lionel Catelan nous fait voir à nouveau une architecture mal-aimée, enfouie dans le quotidien, il nous la fait revivre dans toute sa vitalité, toute son audace.

NICOLAS TRIGEASSOU, librairie du Square (Grenoble)

Par Lionel Catelan, Building Books, 120 pages, 29 €.

SUR LA CRÊTE

Intervenante dans un foyer pour adolescents « délinquants », l'auteure est amenée à accompagner trois adolescents avec deux éducateurs dans une randonnée de plusieurs jours en haute montagne. Elle nous en fait ici une narration particulièrement sensible et pudique. Il ne faudrait pourtant pas y voir un énième témoignage des vertus rédemptrices de la montagne. Entre les lignes, par-delà le récit du vécu particulier de la randonnée, le texte esquisse avec finesse un « effet montagne » trop souvent réduit aux valeurs d'un environnement « naturellement » beau et sain. Il se joue ici dans la diversité des sensations et des expériences individuelles, qui permettent de faire bouger le rapport à soi et aux autres. Pour des jeunes sur le fil du rasoir, ce parcours sur les crêtes se présente alors comme une ouverture du champ des possibles.

MARIE-CHRISTINE FOURNY

Par Rozenn Le Berre, éditions La Découverte, 360 pages, 22 €.

TOMBOLA

On surveillera la parution prochaine de *Jolie vue, mauvais présage* (Les Presses du réel, 2023), un petit livre d'artiste que J. Gindre publie avec le Centre culturel suisse où il expose ses obsessions météorologiques. C'est le complément idéal à *Tombola* dans lequel, au fil d'un cycle de sept nouvelles, l'artiste et écrivain genevois prend un malin plaisir à envoyer ses personnages, toutes des femmes, dans des lieux où elles vont se confronter à la solitude, à l'imprévu et aux aléas de la météo. Autant de situations où inquiétude, tensions et rencontres les amènent à des choix qui infléchissent leur existence. La première nouvelle, sur les pentes calcaires du pic de Bure (Hautes-Alpes) eût constitué d'idéales bonnes feuilles pour notre numéro sur le secours en montagne.

GUILLAUME LEBAUDY

Par Jérémie Gindre, éditions Zoé, 176 pages, 17 €.

PASSEUR

« Passeur, c'est une histoire de conscience. Une façon de dire que je n'accepte pas le reniement de nos valeurs. » Celles d'un journaliste, grand reporter et correspondant de guerre, qui servit aussi dans l'armée française en Afghanistan vers 2010. Publié initialement en 2017, ce livre court et inquiet est heureusement réédité alors que l'auteur a poursuivi son chemin d'écrivain, publiant notamment *Les Enfants de la Clarée* (éd. Marchialy, 2021) à propos de ces jeunes migrants guinéens qui tentaient alors de passer en France par le col de l'Échelle, non loin de Briançon. *Passeur* commence en septembre 2015 à Menton, où Krafft fait un reportage sur les réfugiés bloqués à la frontière entre France et Italie. Le livre aborde de graves questions : celles de l'indignité, du mépris du droit et de l'hospitalité dont l'État s'est fait une doctrine, de la criminalisation de la solidarité. Raphaël Krafft décide finalement d'aider deux réfugiés à franchir la frontière en passant par le Mercantour et le col de Fenestre à 2 474 mètres d'altitude. Sur les sentiers mêmes où, en septembre 1943, marchèrent des dizaines de familles juives venant de Vésubie et fuyant devant les troupes nazies...

GUILLAUME LEBAUDY

Par Raphaël Krafft, éditions Libretto, 112 pages, 7,90 €.

L'Alpe

NOTRE BOUTIQUE **EN LIGNE**

NOS OFFRES :

- Plus de 30 % de remise avec nos offres d'abonnement pour la France et l'Europe,
- achat de numéros à l'unité,
- achat en version numérique des numéros épuisés,
- achat de la collection complète.

C'est simple, c'est rapide et fiable !

RENDEZ-VOUS SUR **WWW.LALPE.COM**

DÉJÀ PARUS

Gens de l'alpe • N° 1
Franchir les Alpes • N° 2. *Version numérique uniquement*
Transhumances • N° 3
Villégiatures • N° 4
Vins, vignes et vignerons • N° 5
Tournant de millénaire • N° 6
Cartographier la montagne • N° 7. *Version numérique uniquement*
Bestiaire • N° 8
L'eau • N° 9
Fêtes d'hiver • N° 10
L'or des alpages • N° 11
La montagne au féminin • N° 12
Vercors en question • Hors série *Version numérique uniquement*
Les chants d'un monde • N° 13
Terre de refuge • N° 14
À table • N° 15
Nature partagée • N° 16
Économie de montagne • N° 17
Les grandes peurs • N° 18
Des sports et des jeux • N° 19
Enfants des montagnes • N° 20
Artistes au sommet • N° 21
Cueillir la montagne • N° 22
Via Alpina • N° 23
La cité dans la montagne • N° 24
L'almanach 2005 • N° 25
Pour écrire un mot... • N° 26
Au bon air de la montagne • N° 27
Habiter la montagne • N° 28
Nouvelles traversées ferroviaires • N° 29
Traces olympiques • N° 30
Subjuguante Maurienne • N° 31
Des mets et des monts • N° 32
Musées et collections • N° 33
Peuples et peuplements • N° 34
Stars et toiles (des neiges) • N° 35
Voyages et voyageurs • N° 36
Citadelles d'altitudes • N° 37
Qui va à la chasse... • N° 38
Clic ! Photographier la montagne • N° 39
Des usines et des hommes • N° 40
Ô lacs • N° 41
Cochons et cochonnailles • N° 42
L'Alpe a dix ans ! • N° 43
Guerriers des cimes • N° 44
Le petit train • N° 45. *Version numérique uniquement*
Alpins des Amériques • N° 46
Chronique d'un attachement • N° 47. *Version numérique uniquement*
Ah, la vache ! • N° 48. *Version numérique uniquement*
Mercantour. Des monts et une mer • N° 49 *Version numérique uniquement*
Le tourisme pour métier • N° 50
Mon pays, c'est l'hiver • N° 51. *Version numérique uniquement*
La voie des airs • N° 52
Dans l'intimité des monastères • N° 53
Aux Alpes, citoyens ! • N° 54. *Version numérique uniquement*
Planète Grenoble • N° 55
Au bon lait des alpages • N° 56
Au cœur du val d'Abondance • N° 57. *Version numérique uniquement*
Architectures et architectes • N° 58. *Version numérique uniquement*
Chambéry. Un carrefour alpin • N° 59 *Version numérique uniquement*
Des scientifiques dans la montagne • N° 60
Parc national des Écrins • N° 61. *Version numérique uniquement*
Le bois dans tous ses états • N° 62
Douceurs des hauteurs • N° 63
Isère. Des paysages et des hommes • N° 64
Fleurs de montagne • N° 65
Excentriques, fadas et autres rêveurs • N° 66
Au bout du fil • N° 67
Le sexe de l'alpe • N° 68
Alpinisme • N° 69
Écoliers des montagnes • N° 70
Eaux-de-vie et liqueurs • N° 71. *Version numérique uniquement*
Lac Léman • N° 72. *Version numérique uniquement*
Paysages sonores • N° 73
Mines et mineurs • N° 74
Glisse. La grande aventure • N° 75
Grands bâtisseurs • N° 76
Le vélo. Petite reine de la montagne • N° 77
Climat. Sale temps pour les glaciers • N° 78. *Version numérique uniquement*
Paysages. Le monde à sa fenêtre • N° 79
La marche. Utile, forcée, joyeuse • N° 80. *Version numérique uniquement*
Plein sud. Des Écrins à la Méditerranée • N° 81 *Version numérique uniquement*
Les Alpes vues d'ailleurs. Afrique, Amérique, Asie, Océanie • N° 82
Vingt ans ! Numéro anniversaire • N° 83
Observatoire. Un œil sur le cosmos • N° 84
Foires et marchés • N° 85
À saute-frontières • N° 86
Saint-Gervais. Un hiver au Mont-Blanc • N° 87
Refuges. De l'abri de fortune au tourisme d'altitude • N° 88
La Durance. L'eau vive de la montagne • N° 89
Montagne durable ? • N° 90
Neige et glace. Le goût de l'hiver • N° 91
Terre de protestantismes • N° 92
Les grands cols • N° 93
Le Valais. L'envers de l'endroit • N° 94
La forêt • N° 95
Le Vercors. Montagne en partage • N° 96
Le Rhône. Une civilisation fleuve • N° 97
Les Alpes souterraines • N° 98
Le goût du pain • N° 99
Alpins : 7 000 ans d'histoires • N° 100
Secours en montagne • N° 101
Alpes-de-Haute-Provence • N° 102
Architectures. De l'utopie à la réalité • N° 103

L'Alpe **est également disponible en kiosque et dans toutes les bonnes librairies.**

COMPLÉTEZ VOTRE COLLECTION

L'Alpe

LA REVUE DES CULTURES ET DES PATRIMOINES DE L'EUROPE ALPINE

25 ANS D'EXISTENCE DÉJÀ !

☒ **OUI,** JE COMMANDE LES NUMÉROS DE *L'ALPE* COCHÉS CI-DESSOUS :

☐1 ☐3 ☐4 ☐5 ☐6 ☐8 ☐9 ☐10 ☐11 ☐12 ☐13 ☐14 ☐15 ☐16 ☐17 ☐18 ☐19 ☐20 ☐21 ☐22 ☐23
☐24 ☐25 ☐26 ☐27 ☐28 ☐29 ☐30 ☐31 ☐32 ☐33 ☐34 ☐35 ☐36 ☐37 ☐38 ☐39 ☐40 ☐41 ☐42 ☐43 ☐44
☐46 ☐50 ☐52 ☐53 ☐55 ☐56 ☐60 ☐62 ☐63 ☐64 ☐65 ☐66 ☐67 ☐68 ☐69 ☐70 ☐73 ☐74 ☐75 ☐76 ☐77
☐79 ☐80 ☐81 ☐82 ☐83 ☐84 ☐85 ☐86 ☐87 ☐88 ☐89 ☐90 ☐91 ☐92 ☐93 ☐94 ☐95 ☐96 ☐97 ☐98 ☐99
☐100 ☐101 ☐102

☐ **Commande inférieure à 8 numéros :** ⌴ numéro(s) à 18 € (France) ou 21 € (Europe) = ____________ €

☐ **Commande supérieure à 8 numéros :** ⌴⌴ numéros à 12,45 € (France) ou 15 € (Europe) = ____________ €

Les prix sont unitaires et port compris.

Pour toute commande de la collection complète de *L'Alpe*, merci de nous contacter à **murielle.dubois@glenat.com**

BON DE COMMANDE À RETOURNER AVEC VOTRE RÈGLEMENT À

L'ALPE
service abonnement/vente
par correspondance,
Bureau B1371 • 60643 Chantilly cedex
Téléphone : + 33 (0) 344 62 52 17
(du lundi au vendredi de 8 h à 17 h)
abo.glenat@ediis.fr

MES COORDONNÉES

NOM ____________ PRÉNOM ____________

ADRESSE ____________

____________ CODE POSTAL ____________ VILLE ____________

TÉLÉPHONE ____________ E-MAIL ____________

MODE DE RÈGLEMENT :

☐ Chèque bancaire ou postal à l'ordre de Glénat Éditions

DATE ET SIGNATURE OBLIGATOIRES

E103

Offre valable dans la limite des stocks disponibles, jusqu'au 31 janvier 2024.

VITE, VITE

POUR LES FÊTES,

OFFREZ UN ABONNEMENT À L'ALPE ET RECEVEZ JUSQU'À TROIS CADEAUX* !

UN NUMÉRO DE *L'ALPE*
parmi les 103 déjà parus et disponibles

AGENDA 2024
Une sélection des plus belles photos de lacs alpins au fil des saisons, du massif du Mont-Blanc au Mercantour.

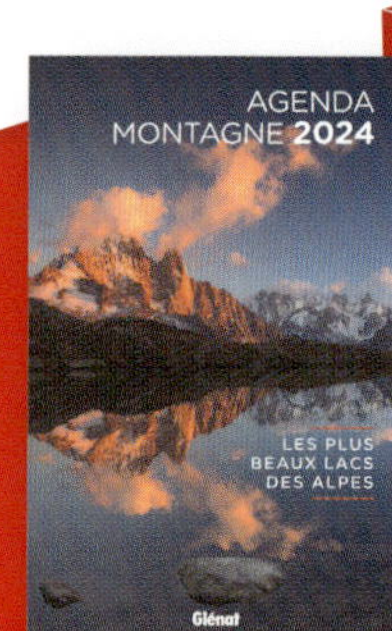

AUTOBIOGRAPHIE DE LA NEIGE
Daniele Zovi nous invite à un voyage poétique dans un monde silencieux.

RECEVEZ VOS CADEAUX AVANT LE 25 DÉCEMBRE 2023** !

*Dans la limite des stocks disponibles. **Pour tout règlement effectué avant le mardi 19 décembre 2023.

BON DE COMMANDE À RENVOYER À L'ALPE - COUVENT SAINTE-CÉCILE – 37 RUE SERVAN – 38000 GRENOBLE

BULLETIN D'ABONNEMENT

JE M'ABONNE OU J'OFFRE UN ABONNEMENT À *L'ALPE*

☐ Pour 1 an, soit 4 numéros au tarif de 49,80 € (au lieu de 72 €, soit 30 % d'économie)
Et je choisis 1 cadeau :
☐ le n°… de *L'Alpe* ☐ *Agenda 2024* ☐ *Autobiographie de la neige*

☐ Pour 2 ans, soit 8 numéros au tarif de 99,60 € (au lieu de 144 €, soit 30 % d'économie)
Et je choisis 2 cadeaux :
☐ le n°… de *L'Alpe* ☐ *Agenda 2024* ☐ *Autobiographie de la neige*

☐ Pour 3 ans, soit 12 numéros au tarif de 151,20 € (au lieu de 216 €, soit 30 % d'économie)
Et je reçois les 3 cadeaux :
☒ le n°… de *L'Alpe* ☒ *Agenda 2024* ☒ *Autobiographie de la neige*

JE RÈGLE PAR :

☐ Chèque bancaire ou postal à l'ordre de Glénat Éditions

DATE ET SIGNATURE OBLIGATOIRES

JE SOUHAITE ENVOYER LE(S) CADEAU(X) À L'ADRESSE SUIVANTE

Prénom : ………… Nom : …………
Adresse : …………
…………
Code postal : ………… Ville : ………… Pays : …………
Courriel : ………… Tél : …………

JE SOUHAITE RECEVOIR MON ABONNEMENT À L'ADRESSE SUIVANTE (SI DIFFÉRENTE)

Prénom : ………… Nom : …………
Adresse : …………
…………
Code postal : ………… Ville : ………… Pays : …………
Courriel : ………… Tél : …………

L'abonnement débutera avec le numéro du printemps 2024.

Offre valable jusqu'au 31 janvier 2024, uniquement pour la France métropolitaine.
Pour la Suisse et la Belgique, rendez-vous sur le site Internet de *L'Alpe*.

E103

Éditions Glénat, SA au capital de 5 000 000 €, 37, rue Servan, 38000 Grenoble, France - RCS Grenoble 302 069 414. TVA FR13302069414.

RETROUVEZ LA COLLECTION OU LES AUTRES OFFRES D'ABONNEMENT
SUR **WWW.LALPE.COM**